기후변화와 사회변동

기후변화와 사회변동

2022년 3월 17일 초판 1쇄 인쇄
2022년 3월 25일 초판 1쇄 발행

지은이 신범식, 김대현, 박정재, 주병기

편집 김천희
디자인 김진운
마케팅 최민규

펴낸이 고하영
펴낸곳 ㈜사회평론아카데미
등록번호 2013-000247(2013년 8월 23일)
전화 02-326-1545
팩스 02-326-1626
주소 03993 서울특별시 마포구 월드컵북로6길 56

ⓒ 신범식, 김대현, 박정재, 주병기, 2022

이메일 editor@sapyoung.com
홈페이지 www.sapyoung.com
ISBN 979-11-6707-056-2 93300

기후변화와 사회변동

신범식, 김대현, 박정재, 주병기 지음

사회평론아카데미

* 이 저서는 2020년도 서울대학교 사회과학대학 학술진흥을 위한 재단 법인 플라톤아카데미의 지원을 받아 진행된 연구의 결과물입니다.

머리말

이 책은 서울대학교 사회과학대학 소속 교수들 중 기후변화와 사회변
동 문제에 대하여 관심을 가진 네 명이 의기투합하여 시도한 공동 연
구의 결과물이다. 기후변화 문제는 이 시대의 가장 중요한 화두로 떠
올랐지만, 예상과 달리 그 사회적 의미에 대한 학술적인 탐구가 깊이
있게 이루어진 예가 국내 학계에 그리 많지 않았다. 특히 기후변화가
사회에 미친 영향에 대한 탐구는 더욱 그렇다. 이 책에 참여한 필진은
다음과 같은 네 가지 주제에 주목했다. 첫째, 기후변화를 정의하기 위
한 과학적 노력의 사회적 의미, 둘째, 기후변화가 사회변동에 영향을
미친 것으로 이해되는 경험의 역사적 및 고기후학(古氣候學)적 해명,
셋째, 기후변화에 대한 사회적 대응의 일환으로 시도되는 에너지 전환
노력이 제기하는 사회적 과제와 그 영향, 그리고 마지막으로 기후 정
의의 관점에서 바라본 감축(mitigation) 관련 부담의 공정한 분배 기
준 및 기후위기의 도래 배경에 놓인 자본주의의 미래에 요청되는 자
기 변혁의 지향 등이 그것이다. 네 가지 주제가 일견 기후변화의 다양
한 측면에 착목하여 접근하는 상이한 학술적 접근법에 의지하고 있는
것으로 보이지만, 이들은 모두 기후변화와 관련하여 기후위기의 정의
에 대한 이해와 합의, 위기 경험의 발굴과 그 교훈, 위기에 대한 사회
적 대응 노력, 그리고 위기 극복을 위한 미래지향적 조건 등의 주제를
학제적으로 다루면서 기후변화와 사회변동의 문제에 대한 거시적 안
목을 제공해보려는 노력이다. 필진 각자의 전공이 다르고 기후변화에

대한 입장이 조금씩 차이가 있지만, 이 같은 학제적 노력에 기초한 기후변화 문제에 대한 접근을 통해 이 책이 기후변화 이슈에 대한 새로운 안목을 열어주는 한편 함께 풀어가야 할 지구적 난제에 대한 이해의 정도를 높이는 데 조금이나마 기여할 것으로 기대된다.

이 책이 나오기까지 많은 분들의 노고와 인내, 그리고 격려가 있었음을 고백하지 않을 수 없다. 누구보다 먼저 훌륭한 연구를 바탕으로 옥고를 집필해주신 주병기, 박정재, 김대현 교수에게 감사와 존경을 표하고 싶다. 이분들의 열정이 아니었다면 기후변화의 다면적 이해에 기여할 수 있는 유의미한 학제적 결과물이 세상에 나오기 어려웠을 것이다.

그리고 이 책이 나오기까지 수많은 세미나와 토론회를 조직하고 원고를 모아 정리해준 이민서 석사, 그리고 연구 과정에서 애써준 경제학과 대학원 신지섭, 지리학과 대학원 박진흠, 배지용 씨에게 마음 깊은 곳으로부터 고마움을 표한다. 물론 흔쾌히 이 책의 출판을 맡아서 멋진 책으로 만들어주신 사회평론아카데미와 김천희 소장님에 대한 감사도 빼놓을 수 없다.

끝으로 이 연구가 가능하도록 지원해준 플라톤아카데미의 후원과 격려에 대해 깊은 감사를 표한다. 플라톤아카데미의 후원이 의미 있는 학술적 결실이 되었다는 점에 감사를 드린다.

2021년 12월 말
필진을 대표하여 신범식 씀

차례

서장

기후변화의 도전과 그 대응에 관한 주요 논점

신범식

최근 들어 기후변화로 인해 화석연료 및 탄소에 기반한 인류 문명의 문제점이 가시화되면서 변화에 대한 노력을 촉구하는 대중의 목소리가 점차 높아지고 있다. 하지만 이 같은 지구적 대응을 촉구하는 목소리에 비하여 위기 대응을 위한 행동이 본격화되고 있다고 보기는 어렵다. 지구촌의 위기에 대한 공동 대응을 어렵게 만드는 요인으로는 어떤 것이 있는가? 그리고 이러한 방해 요인에도 불구하고 공동 대응을 추동하고 있는 힘이 있다면 그것은 무엇인가? 이 책에서는 기후변화의 의미와 그에 대한 사회적 대응 방안을 다룬다.

기후변화 및 그에 대한 대응과 관련된 이 같은 근본적 문제에 대한 답을 찾아가는 출발점으로서 이 책에서는 다음과 같은 질문에 대하여 답해보고자 한다.

첫째, '기후변화'란 무엇인가? 그것은 사실인가?

둘째, 기후변화가 사실이라면 그 원인은 무엇이고 인간의 삶과 사회에 어떤 영향을 미칠 것인가?

셋째, 인류는 기후변화에 어떻게 대응할 수 있는가? 특히 기후위기에 대한 사회적 및 국제적 대응의 주요 논점은 무엇이고 그에 어떤 대응은 어떻게 이루어져야 하는가?

I. 기후변화의 의미와 그에 대한 다양한 입장

기후변화가 심각한 문제가 아니라고 생각하는 사람들은 크게 세 부류인 것으로 보인다. 첫째, 최근 인류가 경험하는 빈번해진 극한기상은 지구 기후의 장기적 변동과 관련된 문제이지 인간의 활동에 의한 온난화의 문제라고 확증할 수 없다고 주장하는 신중론을 견지하는 사람들이다. 둘째, 앞의 주장과 일부 공유되는 측면이 있겠지만 기후변화 담론은 새로운 이슈를 만들고 이를 통해 새로운 부의 기회를 만들며 권력을 확대해가려는 기획이라는 음모론적 시각에 동조하는 사람들이다. 마지막으로, 기후변화와 같은 거대 담론은 우리가 잘 알 수 없으며 나의 삶과는 크게 관련이 없다는 불가지론자 내지 무관심자들이다.

1장에서 김대현은 '기후'와 '기상'을 엄밀히 구분하면서 우리의 논의를 시작할 필요가 있음을 강조한다. 그리고 기후변화의 의미를 이해하기 위해 우선적으로 자연과학 측면에서의 실험 결과 및 축적을 위해 더 많은 시간과 노력이 필요하다고 말한다. 왜냐하면 사람들은 흔히 지구온난화가 극한적 기상의 원인이라고 쉽게 생각할 수 있으나 둘 사이의 신빙성 있는 연결을 위해 현대 과학이 수집하고 축적해야 할 자료가 더 필요하기 때문이다. 오늘날 인류는 하늘에서 벌어지는 기후변화와 극한기상현상에 많은 관심을 가지고 있다. 기후변화는 장기적으로 전 지구적으로 생물다양성의 감소나 해안 저지대의 소멸 등을 유발할 것으로 예측되며, 극한기상은 현재 인명과 재산에 즉각적으로 피해를 준다. 일반적으로 후자의 영향이 더 즉자적이기에 초미의 관심사이며 뉴스의 중심에 위치한다. 하지만 극한기상의 빈도가 장기간에 걸쳐서 꾸준히 증가하여 통계적으로 유의미한 추세를 형성해야 비로소 이를 기후변화 문제로 취급할 수 있다. 따라서 김대현은 사회변동을 언급하기에 앞서 기후변화와 각종 기상현상 자체가 상당히 복잡하고 난해한 개념임을 인지해야 한다는 점을 강조한다.

기후변화 문제가 제기된 이후 수십 년 동안 지구환경 과학자들을 비롯한 다양한 분야의 전문가들은 기후가 이상현상을 보이는 방향으로 변화하고 있는가에 대한 답을 찾으려는 노력을 경주해왔다. 일부 기후학자들은 장기 기후변동을 추적하는 입장에서 현재 지구의 기상

변동은 간빙기 지구가 경험하게 되는 장기적 '기후변동'의 일환일 수 있다고 생각한다. 장구한 지구 역사를 통하여 빙하기는 주기적으로 출몰했고, 그 사이 빙하가 녹는 간빙기 시기에 기후가 따뜻해지는 기후변동의 사이클을 경험하게 된다는 것이다. 사실 많은 사람들이 이런 문제에 관심을 가지는 이유는 중장기적 시간을 통해 축적된 기상 조건의 평균으로서의 '기후'가 변화하고 있다는 체감에서 연유한 것이라기보다는, 그때그때 보고 듣고 느끼는 이상고온이나 가뭄, 폭설이나 폭우, 폭염과 한파, 초대형 태풍의 빈번한 출몰 등과 같이 극한적 내지 이변적 '기상'에 대한 경각심 때문일 것이다. 보통 사람들의 경험의 지평은 중장기적 시간을 통해 축적된 기상 조건의 평균으로서의 '기후'를 체감할 만큼 지리적으로 넓거나 시간적으로 길지 못한 것이 사실이다.

　하지만 이 같은 한계에도 불구하고 기후변화에 관한 유엔기본협약(UN Framework Convention on Climate Change: UNFCCC, 이하 유엔기후변화협약) 산하 '기후변화에 관한 정부 간 협의체(Intergovernmental Panel on Climate Change: IPCC)'가 다양한 연구 결과를 종합하여 발간한 보고서들에서는 이상징후로 판단할 수 있는 '기후'의 온난화 현상이 오래전부터 관찰되기 시작했고, 기후 체계의 온난화가 진행되고 있다는 과학적 증거는 명백하며, 이는 인간 활동에 의한 이산화탄소(CO_2) 등 온실가스의 과다 배출에 의한 것일 가능성이 높다는 점을 밝히고 있다. 미국항공우주국(NASA)은 2020년 지구 표면의 온도가 1880~1900년 평균기온보다 1.24°C 상승했다고 밝혔다. 21세기 말까지 대기의 평균기온은 1.1~6.4°C 상승할 것으로 예측되는데, 상승폭에 따른 피해는 기하급수적으로 커질 것이라고 한다.

　문제는 어떻게 이런 기후온난화가 발생했는가이다. IPCC에 따르면, 지난 80만 년간 대기 중 이산화탄소 농도는 빙하기 때 180ppm,

간빙기에 280ppm이었으므로 기후의 장기적 사이클을 고려하더라도 300ppm을 넘은 적이 없었다고 한다. 하지만 1950년대 300ppm 수준을 넘은 이후 이 농도가 가파른 상승을 지속하고 있는 것으로 관찰되고 있다. 산업화 이전 280ppm이었던 지구의 대기 중 이산화탄소 평균 농도는 2010년에 380ppm을 넘어섰고 2020년 기준 412ppm까지 도달했다. 이는 인간 활동에 의한 온실가스의 배출이 증가함으로써 온실가스의 농도 증가에 따른 '온실 효과'가 대기의 온도를 상승시키는 원인이 되었다는 주장의 중요한 근거가 되고 있다. 게다가 기후온난화로 빙하나 만년설 등이 녹으면서 그 속에 갇혀 있던 메테인(CH_4) 등과 같은 온실가스가 대기 중으로 배출되는 동시에 빙하와 만년설에 의한 태양열의 반사량이 줄어드는 현상 등과 결합되면서 온난화 추세가 더욱 가속화하고 있는 것으로 알려졌다.

산업혁명 이후 200여 년간 인류가 배출한 온실가스의 총량은 그 이전 지구가 65만 년 동안 배출한 양보다 많다고 한다. 물론 대기 중 이산화탄소 농도의 증가로 인한 기후온난화로 지구가 망하지는 않을 것이다. 걱정해야 할 대상은 우리, 즉 인간이다. 온실가스 농도의 증가에 따른 기후온난화에 대하여 지구환경은 균형을 찾기 위한 자기 조절 반응을 시작하게 되는데, 문제는 바로 이 조정 과정이 인류가 생존하기 어려운 극한적 조건을 가져올 수 있다는 것이다. 기후온난화로 발생하는 다양한 변화는 인간의 삶에 재난적 결과를 야기할 수 있다. 가령, 대기오염 때문에 해마다 사망하는 사람의 수를 세계보건기구(WHO)는 2019년 410만 명으로 추산했다. 해수면의 상승으로 세계의 주요 해안 도시들이 사라질 수 있으며, 메콩 삼각주나 갠지스 삼각주 등과 같은 해안 곡창지들이 수몰될 수 있다. 강수 및 기온 패턴의 변화는 자연환경에 맞춰 이룩해놓은 인간 생활의 기본 인프라를 붕괴시키고 인간 삶의 양식을 근본적으로 변화시킬 수 있다는 경고가 높아지고 있다.

당장 시급한 것은 식량 문제이다. 이미 어족 자원의 이동과 분포가 크게 변화하기 시작하여 우리 식탁의 풍경이 바뀌고 있다. 그리고 옥수수 발육기 기온이 1℃ 상승할 때 수확량은 17%씩 감소하는 것으로 알려졌다. 최근 아프리카 및 중동 지역에서는 인도양의 해수온도 변화에 따른 장기 가뭄의 영향으로 지속적인 식량 부족을 경험하고 있는데, 이런 문제가 그 지역만의 문제로 국한되리라는 보장은 없다. 많은 학자들이 경고하듯이, 기후변화로 인류가 가장 먼저 접하게 될 중대한 도전은 식량 위기가 될 것이다. 식량 위기는 사회적 불안정과 더불어 중장기적인 이민의 압력을 강화할 수 있다. 30만 명 이상이 죽고 250만 명 이상의 난민을 발생시킨 아프리카 수단의 다르푸르 사태는 기후온난화에 따른 강수량 변동과 사막화 때문에 유목민 부족이 농경민 지역으로 이주하면서 악화된 식량 사정과 종교적 갈등이 정치적 이권과 복합적으로 작용하면서 비화된 대표적 환경 재난 사례라고 할 수 있다. 이는 환경적 요인에 의해 촉발된 위기와 도전 요인이 얼마나 심각한 안보 문제를 야기할 수 있는지 보여준다. 특히 이런 도전에 대한 대응 역량이 사회와 국가별로 불균등하다는 점이 국가들 및 지역들 간의 불평등과 격차를 더욱 키워갈 가능성을 고려해보면 지구적 혼란에 대한 경각심이 더욱 높아지고 있다.

결국 메가트랜드로 자리 잡아가고 있는 기후온난화는 우리가 이미 맞닥뜨리고 있는 중대한 도전이며, 이 때문에 지구 자체가 망하지는 않더라도 인류의 생존 조건이 크게 위협받게 되었다. 불행 중 다행인 것은 다양한 토론과 논쟁 과정을 통하여 기후온난화가 진행되고 있으며 특히 산업혁명 이후 인간의 활동이 기후온난화의 중대한 원인이 되었다는 데에 동의하는 사람들이 점점 늘고 있다는 점이다. 이러한 토론과 논쟁을 바탕으로 사람들은 비로소 기후변화와 사회변동, 그리고 인류의 미래에 대해 진지한 고민을 시작하게 된 것이다.

II. 기후변화와 사회변동의 역사, 그리고 대응

인간의 활동이 지구에 미친 지대한 영향에 대한 지질학계의 논쟁은 인류세(人類世, Anthropocene)라는 시기 구분을 둘러싸고 21세기 들어 본격화되었다. 파울 크뤼첸(Paul Crutzen)과 유진 스토머(Eugene Stoermer)는 산업혁명 이후 인류는 수천 년, 아니 수백만 년간 지질학적 주도세력으로 존재할 것이라고 주장했다. 지질학은 현 지구의 연대를 홀로세(Hollocene)로 지칭했지만, 2009년 결성된 인류세전문검증그룹(Working Group Data-on the Anthropocene)은 2016년 『사이언스(*Science*)』지에 연구 결과를 발표하면서 기존의 연구에서 발견한 층서학적 증거들을 종합해볼 때 지구의 연대 단위가 인류세에 진입했다고 할 수 있다는 입장을 피력한 바 있다. 이제 인간의 지구환경에 대한 영향력을 더 이상 부인하기는 어려워 보인다. 이제 크뤼첸이 부른 "지구 시스템 관리자"로서의 인류의 역할이 중요해지는 시기가 도래한 것이다.

이미 언급했듯이 인간 활동의 결과가 자연에 심대한 영향을 미치기란 쉽지 않거니와 그것을 인간의 노력으로 돌이키고 회복시키기는 더욱 어려울 것이다. 인간이 자연의 '정복자'였던 것처럼 또한 인간이 병들어 있는 자연의 '구원자'가 될 수 있다는 생각은 위험할 수 있다. IPCC 보고서에서 밝히고 있듯이, 인간의 활동이 기후온난화를 추동한 중요한 원인이었음을 인정하는 것이 곧 우리가 이 메가트랜드를 되돌릴 수 있는 능력을 가졌다는 것을 의미하지는 않는다. 우리가 당장 온실가스 감축을 시작하더라도 기후온난화의 트랜드를 바로 되돌리기란 쉽지 않을 수 있다. 그런데 지구환경과 기후에 대해 인간이 단시간에 미칠 수 있는 영향은 미미하며 더구나 기후변화로 야기되는 위험을 미리 예방하기 위한 노력이 인간의 능력을 벗어날 수 있다는 생각은 우리의 기후변화에 대한 무력감으로 연결될 수도 있을 것이다.

　그렇지만 우리의 겸손하고 신중한 태도가 인간이 아무것도 할 수 없거나 해서는 안 된다는 것을 의미하지는 않을 것이다. 프란치스코(Francis) 교황이 즉위한 이후 로마 교황청은 환경파괴를 인간이 참회해야 할 큰 죄라고 하며 2019년 11월 생태적 죄악을 교리에 추가하는 방안을 검토하고 있다고 밝힌 바 있다. 인간과 자연의 관계와 관련하여 과거에 자연에 대한 미신과 숭배로부터 인간이 해방될 필요가 있었다면, 이제는 인간의 기술과 탐욕으로부터 자연을 해방시킬 필요가 있다.

　이런 인간의 삶에 대한 태도 전환과 관련하여 증거 축적에 기반한 과학적 접근 못지않게 중요한 영향을 미칠 수 있는 것은 인간이 경험한 역사 속에서 환경, 특히 기후변화가 사회변동에 어떤 영향을 미쳤는지에 대한 이야기일 것이다.

　물론 인류의 발전을 환경으로 환원해서 설명하는 시각, 가령 기후결정론과 같은 관점에 대해서는 경계하는 것이 사실이지만, 2장에서 박정재가 잘 설명하고 있듯이, 기후변화와 사회변동에 대한 관심은 고고학이나 역사학까지 영향을 미쳐 기후변화가 구체적으로 사회에 어떤 변동을 가져왔는지에 대한 상관성 연구들이 활발히 진행되고 있다. 한반도에 존재했던 과거 사회의 성쇠가 기후변화와 깊은 연관을 가진다는 연구들이 축적되고 있는 것이다. 다만 이러한 과정은 워낙 과거에 일어난 일이어서 완전한 검증이 불가능한 것이 사실이다. 박정재가 지적했듯이, 과학적 분석을 중시하는 고기후학자의 입장에서 증거가 부족하다는 이유로 다른 사회적 요인의 중요성을 간과해서는 안 되겠지만, 인문사회학자가 고기후 연구들을 증거가 충분치 못한 결정론적 해석이라고 폄하해서도 안 될 것이다.

전 세계적으로 미래의 지구온난화에 대한 우려가 증폭되고 있지만 다양한 정치·경제적 이해관계로 기후변동 문제를 해결하기 위한 국제사회의 노력은 여의치 않아 보인다. 기후온난화가 우리 사회에 어떤 파장을 미칠지 정확히 예측하기는 어렵겠지만, 속속 드러나고 있는 바 과거 기후변화와 사회변동에 대한 연구가 보여주듯이 아무런 일도 없이 지나가지는 않을 것이다. 박정재는 기후변화가 분명히 진행되고 있다면 새로운 환경을 오히려 발전의 기회로 삼는 역발상이 필요하다고 제언한다. 과거 사회의 다양한 사례들은 기후변화에 최대한 적극적으로 대응했을 때 위기를 극복할 수 있었다는 사실을 잘 보여주기 때문이다.

III. 기후변화에 대한 사회적 대응—에너지 전환

이미 시작된 기후온난화의 추세를 되돌리기란 쉽지 않아 보인다. 우리의 온실가스를 산업혁명 이전 수준으로 감축하려면 모든 사람이 현재 배출하는 온실가스를 90% 넘게 줄여야 한다. '탈(脫)탄소'란 어쩌면 사실상 이룰 수 없는 목표일지 모른다. 이런 탈탄소의 어려움 때문에 IPCC는 '탄소중립'을 제안했다. 탄소중립이란 탄소를 내포한 온실가스의 배출과 그것을 상쇄하는 조치 사이에 균형을 달성하는 것을 의미하는데, 대규모의 탄소포집을 가능하게 하는 획기적인 기술적 성과가 없다면 이 또한 쉬운 일이 아니다. 최근에 지구의 허파라고 불리는 아마존 밀림을 비롯한 대규모 삼림이 개발되어 그 면적이 줄어들고 있다는 소식은 우리를 더욱 절망케 한다. 한 그루 나무 심기 운동 정도로 탄소중립을 달성하기란 쉽지 않아 보인다.

3장에서 신범식은 기후변화에 대하여 인류가 기울이고 있는 대표적인 노력으로 '에너지 전환' 정책에 대하여 검토한다. 온실가스 배출의 주된 기재인 석탄이나 석유 등 화석연료의 사용을 줄이기 위한 노력이 지구촌에서 전반적으로 시도되기 시작했다. 이는 대기 중 온실가스 농도를 더 이상 높이지 않기 위해 필요한 조치이다. 하지만 탄소 배출이 없거나 적은 태양광, 풍력, 지열 등 신재생에너지를 사용하려는 노력 또한 다른 오염과 환경 파괴를 야기할 수 있다는 문제도 제기된다. 가령, 태양열 발전이나 풍력 발전을 위해 숲과 농경지가 잠식되는 상황은 에너지 전환의 딜레마를 구성한다. 원자력이나 수소 등에 대한 기대가 있지만 원자력의 사용이 내포하고 있는 위험이나 대체에너지의 사용이 야기할 수 있는 또 다른 문제에 대해 충분한 대책과 해법이 마련되어야 한다. 함께 고민하며 문제를 풀어가야 한다는 점은 분명하다. 그런데 이 상황을 활용하려는 어떤 이들은 화려한 친환경 수사와 기획을 통해 돈과 권력을 획득하려 할 수 있으며 비현실적인 반(反)탄소문명적 접근으로 사회의 퇴행을 선동할 수도 있으니 이에 대해 경각심을 가질 필요가 있다.

따라서 우리는 당장 할 수 있는 일과 중장기적 비전 속에서 해야 할 일을 구분하고 각각의 성격에 따른 실천의 시간표를 염두에 두고 인간의 미래를 위한 변화에 나서야 한다. 기후변화와 관련하여 이런 변화의 국제적 노력은 크게 감축(mitigation)과 적응(adaptation)을

위한 노력으로 나타난다. 완화란 당장 기후변화의 가속화를 조금이라
도 줄이기 위해서 기후온난화의 원인이 되는 탄소 배출을 최대한 줄이
려는 노력이고, 적응은 기후온난화로 야기되는 새로운 도전에 대비하
고 준비하려는 노력을 뜻한다.

탄소 배출을 줄이기 위한 노력은 1997년 교토의정서(Kyoto Pro-
tocol) 체제에 의해 부속서(Annex) I 국가(선진국)들을 중심으로 수립
된 온실가스 감축 계획으로 표명되었지만, 이 국제적 공조는 급속히
부상하고 있는 신흥 개발도상국들도 온실가스 감축에 의무적으로 참
여해야 한다는 주장이 제기되면서 성과를 거두지 못한 채 끝났다. 이
후 기후변화 대응 체제는 붕괴 위기를 겪기도 했지만 천신만고 끝에
2015년 파리협정(Paris Agreement)을 통해 선진국과 개발도상국 모두
가 각국의 능력에 걸맞게 온실가스 감축에 기여해야 한다는 원칙에 합
의하면서 보편적 감축 정책을 합의하는 데 성공했다. 파리협정에 따른
신기후체제하에서 세계 각국이 석탄과 석유 같은 화석연료가 현 단계
의 생산과 공급 및 가격 측면에서 가장 적정한 원료라는 기존의 통념
적 사고를 깨고 온실가스의 배출을 줄이기 위한 신재생에너지의 적극
적 발굴과 사용을 표방하는 '에너지 전환' 정책을 진지하게 고려하게
되었다는 점은 대단히 고무적이다. 하지만 각국 정부는 지구온난화를
멈추기 위한 충분한 정도의 감축 목표를 제시하는 데 신속하지 못했으
며, 기후온난화에 더 큰 책임이 있는 선진국들이 개발도상국 및 저개
발국의 노력과 감축 참여를 독려할 수 있을 만큼 충분한 재정적 및 기
술적 지원(계획)을 구체적으로 제공하지 못하고 있다는 한계가 바로
노정되고 있다.

이런 한계에도 불구하고 깨어나기 시작한 소비자들과 시민사회
의 대응으로 감축과 적응을 위한 새로운 동력이 만들어지고 있다. 최

근 기업들의 활동에 대한 새로운 기준으로 부상하고 있는 ESG[환경
(Environmental), 사회(Social), 지배구조(Corporate Governance)] 기
준이 빠른 속도로 확대되고 있으며, 신재생에너지를 100% 사용하는
쪽으로 전환하기 위한 기업들의 자발적 운동인 'RE100'은 소비자가
기업 활동을 감시하고 친환경–사회기여형 기업에 대한 투자를 유인하
는 접근법으로 부상하고 있다. 이런 움직임은 기업들에 기후변화 대응
에 적극적으로 나서도록 촉구하는 압력으로 작용하게 될 것이다. 국제
기구에 의한 규범적 압력과 달리 시장에서의 소비자 및 투자자의 선택
이라는 압력이 기업의 친환경적 경영을 촉구함으로써 기업을 변화시
키는 새로운 힘으로 작용하게 되었다는 점은 고무적이다.

　게다가 그동안 지지부진해왔던 환경 비용에 대한 의무적 고려와
탄소국경조정제도의 도입 문제는 탄소세와 탄소관세를 적극적으로 정
책화하려는 선진국들의 의지를 고조시키고 있다. 탄소 배출을 많이 하
여 생산된 물품 및 그 거래에는 그만큼 더 많은 세금을 부과하게 될 것
으로 보인다. 또한 탄소 배출의 권리를 거래하는 탄소시장의 활성화에
대한 요구와 기대를 높여가고 있는 것도 고무적인 현상이다. 생산자
와 소비자의 상호작용 속에서 탄소를 줄이기 위한 노력을 가속화하려
는 시장과 경제에서의 모멘텀은 향후 기후온난화에 대한 대응과 관련
된 지구적 노력에 매우 중요한 사회적 압력 내지 동력으로 작용할 것
이다.

IV. 기후 정의와 자본주의의 변화

이미 설명한 바와 같이 기후위기에 대응하기 위한 국제적 노력이 다방

면에서 다층적으로 진행되고 있다는 점은 매우 고무적인 일임에 분명하다. 흥미로운 점은 이처럼 기후온난화 추세를 인정하고 그 원인이 인간의 활동과 관련된 온실가스 배출에 있다는 합의에 도달하면서 기후온난화에 대응하려는 노력을 추동하는 일련의 정치적 메커니즘이 지니는 특성이다. 대체로 국제적 변화는, 개인이나 단체의 문제의식이 사회적으로 승화되면서 국가의 정책이 바뀌고 나아가 국가들 간의 이견이 줄어들며 국제적 연대가 이루어지면서 국제적 영향력을 발휘하는 상승적 연계에 의해 나타나는 것이 일반적이다. 하지만 기후변화 이슈의 경우에는 개인이나 전문가 단체들의 문제제기가 국가나 기업의 행동을 변화시키는 데 한계를 노정하게 되자 문제의식을 공유하는 전문가 그룹이 바로 국제적 연대를 통하여 유엔기후변화협약(1992년)이라는 국제기구의 결성을 자극하고 이 기구가 중심이 되어 교토의정서나 파리협정과 같은 틀을 만들어 국가들의 행동 및 그 소속된 기업들의 행동을 변화시키게 되었다. 국가의 정책적 변화를 이끌어내는 국제적 영향력이 우회적 고리를 통해서 전 지구적으로 형성되었다는 것이 특징적이다. 이는 여타 환경 문제가 특정한 지방에서 발발하여 그 영향력이 지역적 한계를 지녀왔던 것과 달리 기후변화 문제는 전 지구적 수준에서 파급력을 가지는 최초의 이슈이기 때문일 것이다. 기후변화의 도전은 전 지구적 대응 행동을 위한 노력을 요구하는바 이를 조율하는 국제기구와 같은 국제적 협력이 지니는 중요성은 아무리 강조해도 지나치지 않을 것이다.

　그런데 이와 같은 국제적 노력의 발목을 잡고 있는 핵심적인 과제 중의 하나가 탄소 감축을 위한 노력의 부담을 어떤 방식으로 배분하는 것이 정의로운가에 대한 기준 관련 합의를 도출하기가 어렵다는 점이다. 4장에서 주병기는 비록 본인이 명시적으로 표명하고 있지는 않지만 지구적 정의의 관점에서 기후변화 대응 노력에 접근한다. 이런 노력은 유엔기후변화협약 중심으로 감축의무를 할당하려는 노력과 연관된다. 일정 수준에서 기온 상승을 억제하기 위해서 각국은 향후 화석연료를 사용하여 배출할 수 있는 이산화탄소의 총량을 정해야 한다. 환경 문제와 관련하여 오염자 부담의 원칙, 공유자원에 균등한 권리, 역사적 책임, 균등한 비용 분담 등 다양한 원칙이 국제사회와 학계에서 논의되었는데, 특히 기후위기와 관련하여 특별히 관심을 모은 것이 공유자원에 대한 '균등한 권리'와 오염에 대한 '역사적 책임'이다. 주병기는 이러한 원칙에 입각하여 과연 공정한 분배의 원칙을 어떻게 도출할 것인가에 대해서 논의한다. 중요한 점은 이러한 원칙에 대한 합의가 기후 정의를 어떻게 정의할 수 있는가 하는 21세기 인류 최대의 난제에 대한 답을 찾아가는 과정이라는 것이다. 그 답은 국가 간, 개인 간의 정의뿐 아니라 현세대의 미래 세대에 대한 책임까지도 고려해야 한다는 것이다.

주병기는 계속하여 자본주의의 자기 혁신의 필요성에 대해서도 지적한다. 세계대전이 끝난 뒤 급속하게 증대된 인간의 경제활동은 글로벌 자본주의의 확산으로 더욱 가속화되었으며 국가 간의 경쟁도 치열해졌다. 사람들이 필요 이상으로 소비하게 만드는 자본주의는 절제의 미덕을 고사시켰고, 자본가의 참욕까지도 선망의 대상이 되었으며, 무한 경쟁의 바퀴는 멈출 줄 모른다. 하지만 어떤 사람의 소비활동 혹은 기업의 생산활동이 의도치 않게 다른 사람이나 기업에 직접적 피해를 주게 될 때 경제학은 이를 외부효과 내지 외부성으로 파악한다. 이런 외부성과 무관하게 이기적 경제주체는 자신의 이익과 비용만을 고려하여 순이익 혹은 만족을 극대화하는 결정을 내리게 된다. 대기오염 같은 나쁜 외부성에 대해 책임지지 않고 자기 이익만 추구하기 때문에 나쁜 외부성은 과잉 발생할 수밖에 없다. 외부성은 비효율적인 자원배분, 즉 시장 실패의 가장 중요한 원인이 된다. 글로벌 자본주의의 성장으로 대량생산과 대량소비가 지구환경에 미치는 외부성이 갈수록 커지고 있다. 현재 수많은 지구환경 문제들이 인간의 경제활동이 야기하는 외부성 때문에 발생하고 있다는 것이다. 그리고 자본주의의 지속가능성 자체가 이런 외부성을 얼마나 잘 관리하느냐에 따라 결정될 수 있는 수준까지 도달한 것이다. 이런 문제를 해결하기 위하여 자본주의의 자기 혁신이 불가피한 상황에 이르렀다.

V. 새로운 문명적 기초에 대한 발걸음

한편 이 같은 탄소 배출 감축의 부담을 공정하게 분배하는 문제나 자본주의의 성격을 변화시키려는 노력 이외에도 보다 근본적이며 중장기적인 가치의 전환을 위한 노력도 필요해 보인다. 최근 들어 논의가 더 활발해지고 있는 '생태적 전환'이나 '탄소문명'을 넘어 '탄소문화'를 창달해야 한다는 주장에 귀 기울여볼 만하다. 개인이나 기업, 그리고 국가 활동의 중심에 생태계의 건강을 두고 사고하는 인식의 전환이 요청된다는 주장에 귀 기울일 필요가 있다. 이러한 생태적 전환에 대한 주장은 생태학의 일부로 시작되었던 경제학의 본연의 목적을 회복해야 한다는 의미에서 '도덕경제학'의 성립에 대한 요청과 맥을 같이한다고 할 수 있다. 이 같은 인간의 인식 및 행동양식의 변화와 도덕화는 단순한 이윤 추구를 넘어서 생태 중심적으로 생산하고 판매하는 기업에 대한 소비자들의 선택과 결합되면서 생태주류화라는 인간의 집단적 삶의 양식의 변화를 추동해갈 수 있을 것이다.

이 같은 주장은 탄소문화를 창달해야 한다는 주장과도 맥을 같이
한다. 사실 인간이 발전시켜온 문명을 탄소문명이라고 부르는 데에는
이견을 제기하기 어렵다. 탄소는 생명체인 유기물의 기초 원소인 동시
에 인간이 발달된 도구를 만들고 각종 이기(利器)를 발명하는 데에도
중요한 역할을 했다. 그리고 우리가 사용해온 주된 에너지원도 대부분
이 태양광을 전환하여 고도로 응축한 것으로 화석연료가 대표적이다.
이처럼 탄소를 바탕으로 인간은 편리하고 발달된 문명을 창조해왔지
만 이 문명의 편리가 주는 가치를 평가하고 다각도로 사유하는 비판적
이성을 고도화하지 못했으며, 탄소문명에 합당한 세계관, 인간관 및
자연관을 발전시켜오지 못한 것이 사실이다. 따라서 탄소문명을 기술
적, 효용적, 도구적 차원에서 고도화하는 데에만 국한된 관심을 넘어
이를 도덕적이며 가치적으로 고도화하는 탄소문화를 창달하는 것이야
말로 현재의 기후위기에 대한 중장기적인 해법으로 자리 잡아야 한다
는 주장이 점차 힘을 얻고 있는 것이 사실이다.

기후변화가 야기하는 위기와 관련하여 기술결정론적 사고에 입각
해 4차 산업혁명과 같은 기술의 진보에서 기후위기에 대한 해법을 찾
을 수 있을 것이라는 사고는 위험하다. 4차 산업혁명이 에너지에 어떤
영향을 미치는가에 대한 논의들을 살펴보면 4차 산업혁명이 전기에너
지에 대한 수요를 엄청나게 증가시킬 것이라는 사실에 놀라게 된다. 4
차 산업혁명의 주요 기술인 인공지능, 사물인터넷, 빅데이터를 적용
하는 생활패턴이 확산된다면 2040년경 현재 수준의 100만 배의 정보
량이 소비될 것이고, 이를 처리하기 위해 인류는 현재보다 약 100배의
전기를 증산해야 한다. 기존과 같은 방식으로 인간의 편의만을 주된
기준으로 사고하면서 기후변화 문제에 접근해서는 안 된다. 기후변화
를 완화하고 그에 적응하기 위한 에너지 전환이라는 과제는 정책적이

거나 경제적인 차원에서뿐만 아니라 생태적이며 문명 전환적 차원에서도 인류의 의미 있는, 아니 가장 중요한 숙제가 되고 있다.

기후변화는 이제 우리가 피할 수 없고 피해서도 안 되는 도전으로 우리 앞에 다가와 있다. 이 기후변화는 우리 삶의 터전인 자연과 사회를 모두 변화시키는 힘을 가지고 있다. 역사 속에서 드러나고 있듯이 인류가 할 수 있는 대응이란 어쩌면 대단히 제한적일 수밖에 없을지도 모른다. 하지만 그 한계 속에서 경주하는 노력에 따라 인류가 상이한 변화의 경로를 겪게 되리라는 점에서 우리의 결단이 가치 없지는 않을 것이다.

제1장

기후변화의 이해

김대현

I. 도입

오늘날 우리는 기후변화의 시대에 살고 있다. 기후변화는 과학적 탐구의 대상에 머물지 않고 인간 사회 전반에 큰 영향을 미치는 주요 화두가 되었다. 바깥 날씨가 변함에 따라 선택하는 옷의 두께와 종류가 달라진다. 화창하고 적절히 건조한 날씨는 쾌적함을 주지만 갑작스럽게 쏟아지는 폭우는 안전사고를 유발할 수 있다. 이러한 사고를 수습하고 미연에 방지하고자 하는 노력은 많은 비용을 필요로 한다. 이렇듯 기후와 기상은 개인의 일상생활과 국가 경제에 깊숙이 내재되어 있다. 탄소중립을 위한 온실가스 감축과 신재생에너지의 개발이 많은 국가의 미래 전략으로 자리 잡은 가운데 기후변화에 대처하려는 노력은 필연적으로 민감한 정치·경제·외교적인 사안이기도 하다. 전 지구적 온난화로 인해 극지방의 빙하가 녹고 해수면이 상승하여 투발루 같은 섬나라 국민은 이번 세기가 끝나기 전에 삶의 터전을 잃을 수 있다고 한다. 이렇게 생기는 기후난민은 해당 국가만의 문제라고 할 수 없다. 기후변화와 관련된 정보와 우려, 대책, 전망은 각종 대중매체에서 시시각각 다루어야 하는 주제가 되었다. 이제 기후변화는 학계는 물론 정책 의사결정자와 일반 대중에게도 지극히 친숙하며 중요한 현상이다.

이 책의 제목이 의미하듯이 기후변화로 인해 과거로부터[1] 오늘날에 이르기까지 인간의 삶과 사회가 어떻게 변동해왔는지 이해하는 것은 중요한 과업이다. 이러한 노력을 통해 향후 새로운 기후 조건에서 형성될 미래 사회의 모습을 예측하고 잠재적인 문제에 대비하는 기반을 마련할 수 있을 것이다. 기후변화로 인해 야기되는 사회변동을 논

---

1   기후변화가 과거 인류의 흥망성쇠에 미친 영향은 다음 절에서 다룬다.

의하기 위해서는 기후변화 자체에 대한 이해가 선행될 필요가 있다. 이를 위해 이 장에서는 우선 기상, 기후와 같은 기본적인 개념을 소개하고 기후변화에 대해 인류가 가져온 전통적인 인식을 논의한다. 특히 지구온난화 문제와 관련하여 국제사회가 오랜 시간 동안 어떤 노력을 기울여왔는지 설명한다. 아울러 몇 가지 대표적인 기후변화 시나리오를 소개한다. 마지막으로 폭염, 폭우, 폭풍, 폭설, 혹한, 가뭄 등의 극한기상현상을 설명하고 기후변화와 극한기상현상이 어느 정도로 밀접한 관계가 있는지 탐색한다.

II. 기후변화에 대한 전통적 인식

1. 기상과 기후, 기후변화

기상과 기후는 공히 기온, 습도, 강수, 구름, 바람 등의 다양한 대기 요소를 통해 정의된다는 점에서 동일한 개념으로 혼동할 수 있다. 그러나 기상과 기후는 시공간적 스케일 면에서 서로 엄연히 다르다. 기상은 대기 중에서 발생하는 온갖 물리적인 현상을 통칭한다. 보통 몇 시간에서 며칠에 이르는 짧은 시간 동안 관측된다. 반면 기후는 오랜 기간에 걸쳐 대체적으로 지속되는 기상 조건의 평균이다. 다시 말해 발생할 가능성이 가장 높은 대기의 종합적인 상태 혹은 대기 현상이 시공간적으로 일반화된 것을 의미한다. 세계기상기구(World Meteorological Organization: WMO)는 기후를 정의하는 기본 기간을 30년으로 정하고 있다. 예를 들어, 우리나라에서 2017년 여름에 비해 유난히도 더웠던 2018년 여름을 두고 지구온난화에 따른 기후변화의 직접적인 증거로 간주하기는 어렵다. 단 2년 동안 특정 장소에서 관측한 기상 조건을 바탕으로 기후 또는 기후변화를 논하는 것은 적절하지 않다. 최소한 30년에 이르는 기간과 폭넓은 지역에 걸쳐 다양한 기상 자료를 수집하고 종합하여 발견한 전반적인 경향을 바탕으로 통계적으로 의미 있는 변동을 포착함으로써 기후변화의 가능성을 모색해볼 수 있을 것이다.

이런 면에서 현대 과학에서 기후변화를 가장 명확하게 다루고 보여주는 분야는 고기후학(古氣候學, paleoclimatology)이라고 할 수 있다.[2] 고기후학자들은 지구 역사에 걸쳐 장기간 보존되어온 퇴적물, 빙하, 나이테, 동굴의 석순과 종유석, 산호초 등을 연대 측정하여 과거

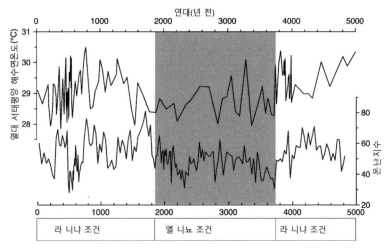

그림 1-1. 현재(왼쪽 끝)부터 5,000년 전(오른쪽 끝)까지의 기간 동안 꽃가루 자료에 따른 온난지수(TPIW)와 열대 서태평양 해수면 온도(WTP SST) 사이의 관계
가운데 기간이 제주도의 엘니뇨 시기이다.
출처: Park(2017), Figure 3.

2   이에 대해서는 다음 절에서 깊게 다룬다.

의 기후 조건을 추정한다. 이러한 연구를 통해 수천 년에 걸쳐 진행된 기후변화의 정도와 방향을 가늠할 수 있다. 〈그림 1-1〉은 제주도 물영아리오름의 습지에서 채취한 퇴적물 내부에 존재하는 화분을 분석한 결과를 보여준다. 퇴적물의 깊이별로 분포하는 화분의 종(種) 조성을 파악하여 어떤 시기에 어느 종류의 식물이 번성했는지 알 수 있다. 이를 바탕으로 해당 시기의 기온 및 강수 조건을 추정하는 것이다. 이렇게 제작한 〈그림 1-1〉에 따르면, 제주도에서는 지금으로부터 1,850~3,750년 전에 엘니뇨 현상이 자주 발생하여 비교적 낮은 기온이 우세했다. 이 시기에 낮아진 해수면 온도로 인해 대기 중의 수증기와 강수량이 감소한 것으로 여겨진다. 그 이후에는 라니냐 조건이 형성되어 반대의 기온과 강수 조건이 발생했다.

2. 산업화와 지구온난화

위와 같은 고기후학적인 연구는 일반적으로 초장기간에 걸친 기후변화를 다루며 고대 인류의 흥망성쇠의 시기와 원인을 이해하는 데 유용한 정보를 제공할 수 있다. 반면 현대 사회에서 기후변화를 논할 때 가장 중요한 화두인 지구온난화는 본격적인 산업화가 시작된 18세기 후반 이후 약 250년에 걸친 시간적 스케일을 가지고 있다. 오늘날 많은 사람들은 온난화와 온실효과(greenhouse effect)를 대단히 부정적인 개념으로 인식하고 있으나, 사실 이 둘은 그 자체로 자연적이며 오히려 지구생태계를 유지하는 데 필수적인 현상이다.

온실효과는 태양의 열이 지구로 유입된 후 방출되지 못하고 순환되는 현상을 의미한다. 태양복사에너지는 지구의 대기를 통과하면서 그 일부가 대기에 반사되어 곧바로 우주로 방출되거나 수증기, 이산화탄소, 메탄가스(CH_4)와 같은 온실가스에 의해 흡수된다. 대기를 완전히 통과하여 지구의 표면에 도달하는 에너지의 경우 일부는 지표에 반사되어 대기로 방출되고 나머지는 지표면을 덥히게 된다. 지표면을 덥히는 열도 궁극적으로는 지구복사에너지로 대기로 방출된다. 이렇게 지표로부터 반사되거나 복사에너지로 방출되는 열을 온실가스가 흡수한 후 다시 지구 표면으로 돌려보내는 과정이 반복되면서 지구를 덥게 한다. 이러한 온실효과는 지구 표면의 온도를 일정한 수준으로 유지시키는 대단히 중요한 현상이다. 만약 온실효과가 존재하지 않는다면 지구의 온도는 태양복사에너지가 유입되지 않는 야간에 영하 $100^\circ C$ 이하로 떨어질 수 있다. 다수의 과학자들이 심각하게 여기는 것은 산업화 이후 석탄, 석유, 천연가스 등 고비율의 탄소를 함유한 화석연료의 사용이 증가하여 과다한 양의 온실가스가 대기 중에 유입됨으로써 온실효과가 심화되었다는 점이다. 아울러 산업시설과 주거공간을 늘리기 위해 전 지구적으로 진행된 산림 벌채는 광합성을 하기 위해 대기 중의 이산화탄소를 흡수하는 막대한 면적의 식생을 제거함으로써 온실효과를 가속화했다.

흔히 지구온난화의 주범으로 이산화탄소가 지목되지만, 사실 온실효과의 약 60%는 수증기로 인하여 발생한다(American Chemical Society 2021). 그럼에도 불구하고 수증기 자체는 지구온난화의 주범으로 지목되지 않는다. 왜냐하면 대기 중에 있는 수증기의 양은 응결과 기화의 과정을 통해 자연스럽게 조절되기 때문이다. 즉, 증발 등의 요인으로 대기 중에 수증기가 많이 배출되더라도 구름과 비를 통해 액체 상태인 물로 돌아오게 되는 것이다. 이에 반하여 지구온난화의 주범으로 이산화탄소나 메탄가스 등이 지목되는 까닭은 이들이 일단 대기 중에 방출되면 수증기와 달리 오랜 시간 동안 기체 상태로 유지되기 때문이다. 이산화탄소의 경우 한번 배출되면 평균적으로 300년에서 1,000년(Buis 2019) 동안이나 대기 중에서 온실효과를 일으킨다고 알려져 있다.

수증기와 이산화탄소에 이은 대표적인 온실가스로는 메탄가스가 있다(그림 1-2). 메탄가스의 대기 중 농도는 이산화탄소 농도의 100분의 1에 불과하다(NOAA 2021). 그러나 메탄가스는 동일한 양의 이산화탄소보다 25배나 더 많은 에너지를 흡수할 수 있다(IPCC 2007). 즉, 메탄가스로 인한 지구온난화는 대기 중 농도로 예상되는 것에 비하여 훨씬 높은 수준인 것이다. 메탄가스의 배출 원인은 이산화탄소의 배출 원인보다 더 다양하다. 소를 비롯한 가축의 소화 과정에서 배출되거나 쓰레기 매립지, 논, 하수처리장에서 발생하는 메탄가스가 인간에 의

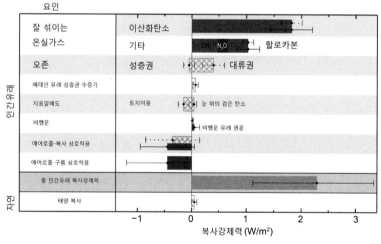

그림 1-2. 1750년부터 2011년 사이의 기후에 대한 항목별 복사강제력
막대가 오른쪽으로 길수록 이 기간에 지구온난화에 크게 기여했다는 의미이다. 위에서 첫 번째 막대 그래프가 이산화탄소이고 두 번째 막대그래프의 왼쪽 끝과 오른쪽 끝이 각각 메탄가스와 할로카본인데, 프레온가스는 할로카본의 일종이다. 세 번째 막대그래프의 가운데 부분이 대류권의 오존이다.
출처: Myhre et al.(2013), Figure 8-15.

한 메탄가스 배출량의 절반 이상을 차지한다(Global Methane Initiative 2021).

냉장고나 에어컨 등의 가전제품에서 냉매로 사용되다가 성층권에서 오존층을 파괴하는 원인으로 지목되어 배출량이 크게 줄었던 프레온가스(염화불화탄소) 역시 2010년대 들어 중국을 중심으로 다시 배출량이 증가하고 있다(Rigby et al. 2019)(그림 1-2). 프레온가스의 일종인 CFC-11(CCl_3F)의 경우 동일한 양의 이산화탄소보다 무려 5,000배나 높은 에너지를 흡수할 수 있다(United States Environmental Protection Agency 2021). 오늘날 급격하게 발전하고 있는 반도체 산업에서 배출되기 시작한 삼불화질소(NF_3)는 아직 그 농도가 미미한 수준이나, 대기 중에 자그마치 500년이나 머물면서 이산화탄소보다 16,100배 높은 에너지를 흡수한다는 점에서 주의가 필요한 상황이다(Center for Climate and Energy Solutions 2021).

자동차 배기가스와 햇빛의 화학작용으로 발생하는 대류권의 오존(O_3)도 짚고 넘어갈 필요가 있는 온실가스이다(그림 1-2). 지구의 복사에너지가 우주로 곧바로 빠져나가는 특정 파장대가 있는데, 이를 흔히 대기의 창(atmospheric window)이라 부른다. 8μm에서 13μm에 걸친 이 파장대에서는 주요 온실가스가 복사에너지를 효과적으로 흡수하지 못하여 지구 표면에서 방출하는 열이 우주로 빠져나가는 통로로 역할을 한다. 그런데 오존이 흡수하는 복사에너지의 주요 파장대는 9.6μm이기 때문에 오존은 이러한 창을 가로막는 중요한 온실가스로 주목받고 있다(그림 1-3).

지구 역사상 대기 중 이산화탄소 농도가 가장 높았던 시기는 약 300만 년 전 플라이오세(Pliocene)로 알려져 있다. 과학자들은 당시 이산화탄소 농도가 310~400ppm이었으며 지구의 온도는 오늘날보다

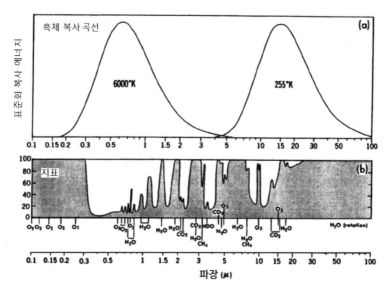

그림 1-3. 파장별 복사에너지의 양(위)과 파장별 온실가스의 흡수 비율(아래)

지구복사에너지가 곧바로 우주로 방출되는 8~13㎛ 구간 가운데 유독 9.6㎛ 구간에서 오존의 온실효과가 두드러진다.

출처: Brunetti and Prodi(2015), Figure 10.

2~3°C 정도 더 높았을 것으로 추정한다. 산업혁명이 시작된 18세기 중·후반에는 대기 중 이산화탄소 농도가 약 275ppm이었고 20세기 초반까지만 해도 300ppm를 넘지 않았던 것으로 여겨진다(그림 1-4). 미국의 하와이 마우나로아 관측소(Mauna Loa Observatory)에서 공식적인 계측이 시작된 1958년 이후부터는 이산화탄소 농도가 이전보다 빠르게 상승하여 새천년 들어서는 급기야 400ppm을 넘게 되었다. 이 관측소에서 측정한 2019년 5월 평균 농도는 414.8ppm이었으나, 이듬해 5월 평균 농도는 코로나19로 인해 각종 산업활동이 제한되었음에도 불구하고 오히려 증가한 417ppm으로 기록되었다.[3] 사실 대기

3 세계기상기구에 따르면, 2019년에 전 지구 이산화탄소 연평균 농도가 최초로 410ppm을 넘어섰다.

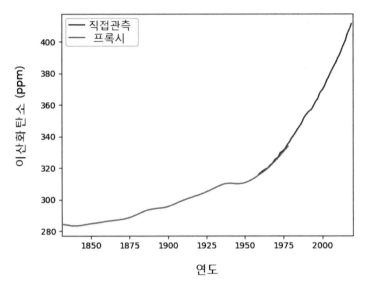

그림 1-4. 19세기 이후 대기 중 이산화탄소 농도 추이

이산화탄소 농도 추정 자료는 이산화탄소정보분석센터(Carbon Dioxide Information Analysis Center)에서, 이산화탄소 농도 측정 자료는 국립해양대기국의 지구시스템연구소(NOAA Earth System Research Laboratories)에서 가져왔다.

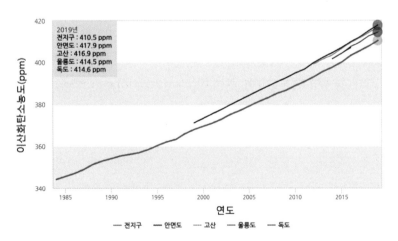

그림 1-5. 국내외 대기 중 이산화탄소 연평균 농도

출처: 기상청(2021).

중 이산화탄소 농도가 증가하는 경향은 우리나라에서 더 심각하다. 안면도 기후변화 감시소에서 발표한 2019년 연평균 농도는 417.9ppm으로, 전 지구 평균(410.5ppm)보다 7ppm 이상 높았다(그림 1-5).

이렇게 급속도로 상승한 대기 중 이산화탄소 농도는 비슷한 시기에 진행된 전 지구적 연평균 기온의 상승을 야기한 중요한 원인으로 여겨진다(그림 1-6). 2020년 현재 지구의 평균기온은 산업화 이전과 비교하여 약 1.2°C 높다고 알려져 있다. 사실 이 정도의 기온 변화는 인간의 생존은 물론 일상생활에조차 아무 지장을 주지 않는다. 그러나 논의의 대상을 각종 동물(특히 변온동물)과 식물로 바꾼다면 이야기가 달라진다. 예를 들어, 2055년까지 현존하는 생물종의 25%가 사라질 수 있다는 에드워드 윌슨(Edward Wilson) 박사의 예측은 많은 전문가

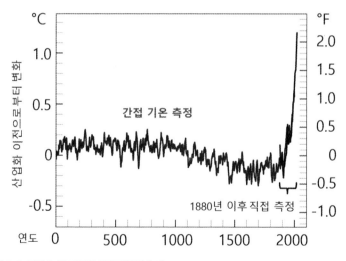

그림 1-6. 기원후 전 지구적 평균기온의 추이

세로축은 1850년부터 1900년까지의 평균기온으로부터 보이는 편차를 뜻한다. 간접 기온측정 자료는 페이지스 2k 컨소시엄(PAGES 2k Consortium 2019)에서, 직접 기온측정 자료는 미국항공우주국(NASA)에서 가져왔다.

출처: Efbrazil(2020).

들로부터 공감을 얻고 있다. 이러한 상황은 육상생물에 비해 해양생물에게 더 심각하다. 미국 럿거스 대학의 멀린 핀스키(Malin Pinsky) 교수 연구팀은 지구온난화로 인해 해양생물이 육상생물보다 2배 정도 빠른 속도로 사라지고 있다고 발표했다(Pinsky et al. 2019). 이는 많은 해양생물이 이미 생리학적으로 견딜 수 없는 최고 수온과 비슷한 조건에서 서식하고 있기 때문이다. 한편 변화하는 기후 조건에 따라 많은 식물의 개화 시기와 서식 장소가 바뀔 수 있다(그림 1-7).

현대의 기후변화가 지닌 또 다른 문제는 되먹임(feedback) 작용을 통해 지구온난화가 가속화할 수 있다는 점이다. 앞서 언급했듯이 태양복사에너지가 대기를 통과하여 지표면에 도달하면 그 일부는 반사되어 대기로 방출되는데, 이렇게 반사되는 정도를 알베도(albedo)라고 하며 보통 백분율로 표현한다. 기온이 상승하면 고위도 지역의 빙하와 눈이 녹으면서 지구의 밝은색 표면이 줄어들어 알베도가 감소하게 된다. 즉, 지표면에 흡수되는 열의 양이 증가하여 지구온난화가 심화하고 더 많은 눈과 빙하가 녹을 수 있는 것이다. 다른 유형의 되먹임도 있다. 지구온난화로 인해 고위도의 영구동토층이 녹으면서 이곳에 매장된 메탄가스가 다량 방출되어 대기로 유입된다. 메탄가스는 이산화탄소와 더불어 대표적인 온실가스이기 때문에 영구동토층의 해빙은 지구온난화를 가속화하는 요인이 될 수 있다. 실제로 북극 주변의 얼음 면적은 꾸준히 감소하는 경향을 보여왔다(그림 1-8). 북극의 얼음은 매해 9월마다 최저치를 보이는데, 이 9월 수치가 1981년 이후로는 10년마다 13.1%씩 감소해왔다고 한다.

산업화 이후의 지구온난화는 그 속도 측면에서 많은 우려를 자아내고 있다. 기온의 상승을 통해 많은 생물종에게 직접적인 악영향을 줄 것으로 예측되지만 인간 삶의 터전 역시 사라질 수 있다. 극지방의

기후 변화에 따른 식물 계절 변화 예측

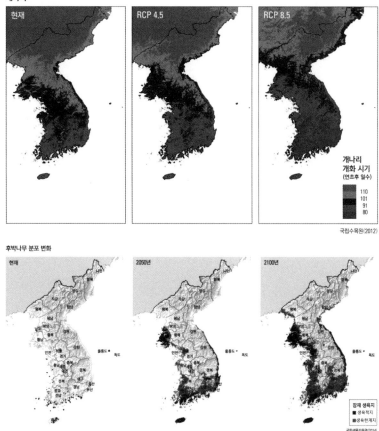

그림 1-7. 기후변화에 따른 개나리의 개화 시기 변화와 후박나무의 분포 변화

출처: 국립수목원(2012); 국토지리정보원(2020), 142에서 재인용; 박찬호(2013); 국토지리정보원 (2020), 160에서 재인용.

빙하가 녹으면 곧바로 해수면이 상승하게 되어 투발루와 나우루 공화 국, 몰디브와 같이 해발고도가 낮은 섬나라들은 이번 세기가 끝나기 전에 소멸할 수 있다고 한다. 전 지구적으로 해수면은 1880년 이후 오

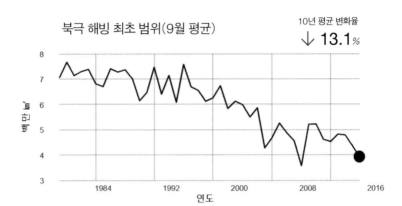

그림 1-8. 1979년 이래 매년 9월 북극 해빙의 면적 추이

출처: NASA Global Climate Change(2021).

늘날까지 21~24cm 정도 상승했다고 알려져 있다. 더 중요한 것은 이러한 상승의 속도가 점점 더 빨라진다는 점이다. 20세기에 걸쳐 관측된 상승률은 연평균 1.4mm였지만, 2006~2015년에는 약 3.6mm로 증가했다. 사실 해수면의 상승이 고위도 지방에서의 해빙만으로 야기되는 것은 아니다. 온난화로 인한 열팽창 역시 중요한 요인이 될 수 있다. 일반적으로 물은 온도가 1°C만큼 올라갈 때마다 0.05% 정도 부피가 늘어난다. 오늘날 관측되는 해수면 상승의 40% 정도는 이러한 해수의 열팽창에 의한 것이라고 알려져 있다(그림 1-9).

3. 지구온난화에 대한 인류의 대응

지금까지 설명한 기후변화, 특히 지구온난화 문제에 대응하기 위한 국제적인 노력은 약 40여 년 전에 공식적으로 시작되었다(환경부 2013). 세계기상기구는 1979년 2월 스위스 제네바에서 제1차 세계기후회의

그림 1-9. 1993년부터 2018년에 걸친 기간 동안 해수면 상승에 영향을 미친 요인들
맨 아래쪽 선은 바닷물의 팽창에 의한 기여분이고, 가운데 선은 얼음이 녹으며 추가로 공급된 물에
의한 기여분이며, 맨 위쪽 선은 두 영향을 합친 평균해수면 추이이다.

출처: Lindsey(2021).

를 개최하여 선진국의 온실가스 배출량을 감축할 필요성을 제기했다.
그러나 이 첫 시도는 이해당사국 사이의 입장 차이가 좁혀지지 않아
성공을 거두지 못했다. 따라서 이의 조정 및 시행을 위해 국제기구협
약을 맺을 필요성이 대두되었다. 이에 1988년 11월 세계기상기구와
유엔환경계획(United Nations Environment Programme: UNEP)의 주
관으로 기후변화에 관한 정부 간 협의체(Intergovernmental Panel on
Climate Change: IPCC)가 설립되었다. 이후 IPCC는 1990년 8월 기
후변화의 원인과 영향, 대응 등에 관한 첫 번째 평가보고서를 발표했
다. 같은 해 11월에 열린 제45차 유엔 총회에서는 이 보고서를 바탕
으로 기후변화에 관한 유엔기본협약(UN Framework Convention on
Climate Change: UNFCCC, 이하 유엔기후변화협약)을 제정하기 위한
정부 간 협상위원회(Intergovernmental Negotiating Committee: INC)
를 설치할 것을 의결했고 12월에 INC가 설립되었다. 1992년 5월 브라

질 리우데자네이루에서 개최된 INC 회의에서 드디어 유엔기후변화협약이 채택되었다. 우리나라는 1993년 12월 이 협약에 가입했다. 이 협약의 근본 취지는 선진국들의 온실가스 배출을 제한하여 지구온난화를 방지하는 것이지만, 여기에 강제성이나 법적 구속력은 없었다.

　1995년 3월 독일 베를린에서 열린 제1차 당사국 총회(Conference of the Parties : COP)에서는 베를린 위임사항(Berlin Mandate)이 채택되었다. 이를 통해 1997년 12월 일본 교토에서 개최될 제3차 당사국 총회(COP3)에서 2000년 이후의 온실가스 감축 목표에 관한 의정서를 채택하기로 합의했다. 이렇게 채택된 교토의정서(Kyoto Protocol)는 기존의 유엔기후변화협약을 약간 변형하여 각 참여국마다 지켜야 할 구체적인 온실가스 감축 목표를 정해놓았다는 데 의의를 가진다. 온실가스 배출 제한에 대한 책임과 의무는 국가별로 차등 부과되었다. 즉, 선진국은 과거에 많은 양의 이산화탄소를 배출한 바 있으므로 더 많은 책임을 지도록 했으며 후진국에는 의무를 부과하지 않고 권고사항만 마련했다. 이에 1998년 11월 아르헨티나 부에노스아이레스에서 개최된 제4차 당사국 총회(COP4)에서 개발도상국도 자발적으로 의무를 부담해야 한다는 안건이 잠정 의제에 포함되었다. 그러나 이 안건은 중국과 인도를 포함한 개발도상국 그룹(Group of 77 : G77)의 강력한 반대에 부딪혀 의제로 채택되지 못했다. 애초에 교토의정서는 55개국 이상이 비준하고 비준 당사국 중 부속서(Annex) I에 해당하는 38개 선진국(미국, 영국, 일본 포함)의 온실가스 배출량이 전 세계 배출량의 55%를 초과할 때 발효되는 것이었다. 그러나 세계에서 가장 많은 양의 이산화탄소를 배출하는 미국이 2001년 이 협약에서 탈퇴하여 발효가 불투명하게 되었다. 2004년 11월 러시아가 비준함으로써 발효가 가능해졌고 2005년 2월 16일 드디어 공식적으로 발효되면서 국제협약으로서 법적인 효력을 발휘하게 되었다(UN Climate Change 2021).

2015년 프랑스 파리에서 개최된 제21차 당사국 총회(COP21)에서는 2020년 12월 31일부로 종료될 교토의정서 체제를 이을 새로운 온실가스 감축 대책을 논의한 결과 회의 폐막일인 12월 12일 파리협정이 채택되었다. 2016년 11월 4일부터 국제법으로 적용된 이 조약에서는 산업화 이전 대비 지구 평균기온의 상승폭을 2°C보다 현저히 낮게, 되도록 1.5°C 이내로 억제할 것을 목표로 했다. 기존의 교토의정서가 선진국에만 온실가스 감축의무를 부과했던 반면 파리협정을 통해 전 세계 모든 국가가 포괄적인 규제하에 놓이게 되었다. 우리나라는 세계 7위의 온실가스 배출국으로 2030년까지 전망치 대비 37%의 온실가스 감축을 목표로 설정한 바 있다. 더 나아가 2020년 10월 28일에는 문재인 대통령이 2050년까지 탄소중립[4]을 달성하겠다고 선언했다.

4. 주요 기후변화 시나리오

지금까지 설명한 유엔기후변화협약을 학술적으로 뒷받침하기 위한 노력 역시 지속되었다. 이 중 가장 두드러진 것은 기후변화 시나리오의 발전이라고 할 수 있다. 기후변화 시나리오는 인간의 활동으로 인해 증가한 온실가스, 에어로졸 등이 복사에너지의 유입과 유출에 어떠한 영향을 주는지 지구시스템 모델을 통해 추정한 미래기후전망정보를 의미한다(기상청 2017). 이러한 시나리오를 통해 앞으로 다가올 기

---

4 인간의 활동에 의한 온실가스 배출을 최대한 줄이고 남은 온실가스는 산림을 통해 흡수하거나 제거(이산화탄소의 포집, 저장, 활용)하여 실질적인 배출량을 없앤다는 개념이다(문화체육관광부 2020).

후 조건이 불러올 영향을 사전에 판단하고 대처하여 피해를 최소화하
는 데 도움이 될 수 있다. 궁극적으로는 향후 발생 가능한 모든 상황과
그 불확실성을 고려하여 신뢰할 만한 의사결정을 추구한다.

 IPCC는 각각 2001년과 2007년에 발간한 제3차, 제4차 종합보고
서에서 배출 시나리오에 관한 특별보고서(Special Report on Emission
Scenarios: SRES)를 소개했다. 여기서 A1B, A2, B2 등 여섯 가지 시
나리오를 통해 2100년까지 배출될 이산화탄소의 양과 이에 따른 온
난화의 추세를 예측하고자 했다(그림 1-10a; 1-10b). 주요 시나리오는
〈표 1-1〉과 같이 4개의 영역으로 분류된다.

 이어서 2014년에 발표된 IPCC의 제5차 종합보고서에서는 대표농
도경로(Representative Concentration Pathways: RCP) 시나리오가 거

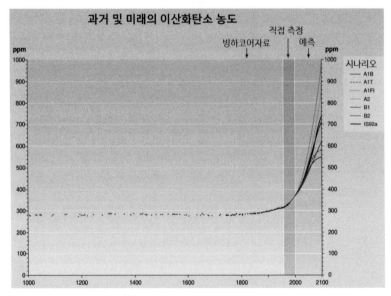

그림 1-10a. 다양한 SRES 시나리오에 따른 미래 이산화탄소 농도의 추이

출처: IPCC(2001), Figure 9-1a.

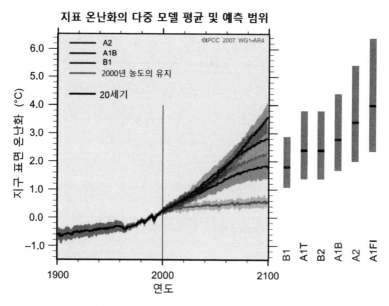

그림 1-10b. SRES 시나리오에 따른 전 지구 표면온도의 평균 상승폭

출처: IPCC(2007), Figure SPM.5.

론되었다. 이를 통해 온실가스를 감축하기 위한 인간의 노력에 따라 산업화 이전 대비 2100년 당시 복사에너지의 유입과 유출량 수지가 변화하는 양상을 설명했다. 여기서 '대표'를 쓰는 이유는 같은 에너지 수지에 대해 다양한 사회·경제적 시나리오가 존재할 수 있기 때문이다. 구체적인 시나리오로는 RCP2.6, RCP4.5, RCP8.5 등이 있다. 여기에서 각 숫자가 가지는 의미는 다음과 같다. 우선 산업화의 태동기에 해당하는 1750년에 지구의 대기로 유입된 태양복사에너지와 지구가 도로 내뿜은 복사에너지의 차이를 $1m^2$당 $0W(W/m^2)$라고 가정하자. 만약 온실효과로 인해 2100년에 우주로 방출되는 지구복사에너지의 양이 감소한다면 방금 언급한 차이는 분명 $0W/m^2$보다 커질 것이다. 2.6, 4.5, 8.5 등의 숫자들이 바로 이 차이를 의미한다. RCP8.5는 인류가 현재 추세대로 온실가스를 배출하면 2100년에는 대기 중 이산화탄소 농도가 급기야 940ppm에 다다를 수 있다는 시나리오이다. RCP2.6은 지금부터(즉 2007년부터) 즉시 획기적인 온실가스 감축을 수행할 때를, RCP4.5는 온실가스 저감을 어느 정도 실현했을 때를 의미한다. 현실적으로 파리협정에서 설정한 목표를 달성할 수 있는 시나리오는 RCP2.6으로 알려져 있다(IPCC 2013).

표 1-1. 네 가지 SRES 시나리오의 분류 및 그에 따른 2100년까지 전 지구 평균 표면온도의 변화

분류 기준	경제에 초점	환경에 초점
세계화	A1: 빠른 경제성장 2.4~6.4°C	B1: 전 지구적 환경의 지속 가능성 1.1~2.9°C
구역화	A2: 지역 위주의 경제발전 2.0~5.4°C	B2: 국지적 환경의 지속 가능성 1.4~3.8°C

출처: IPCC(2007), Table SPM.3.

지금까지 설명한 SRES와 RCP는 구체적인 사회변동의 맥락을 반영한 시나리오가 아니다. 이에 2021년 하반기에 발표된 IPCC의 제6차 보고서에서는 기존의 RCP 시나리오에 공통사회경제경로(Shared Socio-economic Pathways: SSP)를 추가하였다. 즉, SSP는 RCP가 적용될 사회·경제적 배경으로 어떤 사회·경제적 맥락에서 온실가스 배출이 얼마나 이루어질 것인가를 예측하는 시나리오이다. SSP는 인구 규모, 경제 발달, 복지, 생태계 구성요소, 자원, 제도, 정책 등을 고려하여 기후변화의 완화와 기후변화에의 적응이라는 두 가지 측면에서 SSP1부터 SSP5까지 총 다섯 가지 시나리오로 구성된다(그림 1-11).

SSP1은 기후변화를 최소화하는 한편 기후변화 속에서도 잘 적응

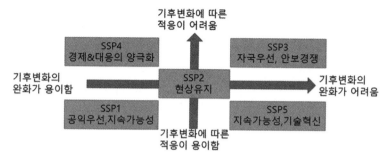

그림 1-11. 공통사회경제경로(SSP)의 분류

할 수 있는 사회·경제적 배경을 의미한다. 전 지구적으로 공익을 중
시하며 지속 가능한 녹색 길을 걷게 되는 이상적인 시나리오이다. 반
면 최악의 사회·경제적 배경으로는 SSP3을 꼽을 수 있다. 이는 각 국
가가 자국의 안보를 우선시하는 한편 지역 간의 갈등이 격화되어 기후
변화가 가속화되고 이에 적응하는 능력이 취약해지는 상황을 가리킨
다. SSP4는 선진국과 개발도상국 사이의 간극이 증가하는 것은 물론
자국 사회도 경제적으로 양극화되어 일부 지역 및 계층에서만 환경 문
제에 관심을 갖게 되는 배경이다. 이런 상황에서는 기후변화를 최소화
하려는 노력이 어느 정도의 성과를 거둘 수 있을지 몰라도 기후변화에
적응하는 데 큰 어려움을 겪을 수 있다. SSP5는 기후변화를 완화하는
데 신경을 쓰기보다는 기술혁신을 통하여 지속 가능한 발전을 할 수
있다는 신념을 바탕으로 한다. 기후변화에는 무난히 적응할 수 있겠지
만 기후변화 자체를 완화하는 데 어려움을 겪을 것이다. 마지막으로
SSP2는 현재까지의 사회·경제적 추세를 유지하는 것으로 다른 네 가
지 시나리오의 중간 단계에 해당한다.

　기후변화 측면에서의 시나리오인 RCP와 사회·경제적 변동 측면
에서의 시나리오인 SSP를 통합하고자 하는 노력도 있다(Integrated

Assessment Modelling ; Riahi et al. 2017). 〈그림 1-12〉에서 가로축은 에너지 단위당 탄소배출량의 감소율을, 세로축은 GDP 단위당 필요한 에너지의 감소율을, 각 도형은 다양한 기후변화 시나리오를 뜻한다(예를 들어, RCP2.6, RCP4.5 등). '베이스라인'은 현재의 이산화탄소 배출량이 2100년까지 지속된다는 RCP8.5를 의미한다. 각 색깔은 방금 설명한 다섯 가지 SSP 시나리오를 가리킨다. 이 통합 도표에서는 인류의 다양한 노력을 통해 회색 영역에 도달해야만 파리협정의 2°C 목표를 달성할 수 있다. 그러나 SSP3과 같은 사회적 배경에서는 RCP2.6과 같은 희망적인 기후변화 시나리오를 성취할 수 없다. 즉, 지역 경쟁의 가시밭길을 걸으면서 기후변화를 억제할 수는 없다는 말이다. 또한 SSP4의 경우처럼 전 지구적 양극화가 심해진다면 RCP2.6의 수준을

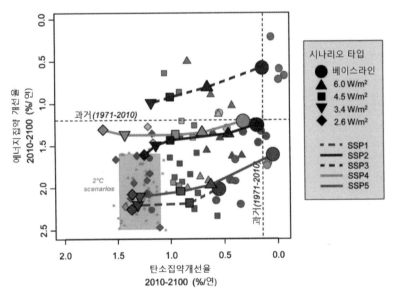

그림 1-12. 각 RCP 시나리오와 SSP 시나리오의 조합에 따른 에너지집약도 개선율 및 탄소집약도 개선율

출처: Riahi et al.(2017), Figure 6.

유지해도 온난화를 2°C 이내로 억제할 수 없다. 반면 전 지구적 화합을 바탕으로 하는 녹색 길을 걷는 SSP1을 통해 설사 기후변화 시나리오가 RCP3.4에 그치더라도 파리협정의 목표를 달성할 수 있게 된다.

III. 기후변화와 극한기상

1. 극한현상의 개념 정리

2020년 한반도의 여름은 대단히 혼란스러웠다. 6월 하순에 쏟아지는 비는 장마의 시작이려니 했다. 그러나 한반도 전역에 걸쳐 진행된 국지성 호우는 8월 중순까지 그칠 줄을 몰랐다. 급기야 이 장마는 역대 최장기간인 51일을 초과한 54일을 기록하기에 이르렀다. '2020년 한반도 집중호우'는 이제 학계와 일반 대중에게 고유명사처럼 쓰이는 표현이 되어 인터넷 검색 엔진에서도 쉽게 찾아볼 수 있다.[5] 이 집중호우로 인해 야기된 엄청난 인명·재산 피해와 사후 복구를 위해 투입된 막대한 인력과 자본은 쉽게 헤아릴 수 없다.

　비단 한반도만이 문제가 아니었다. 2020년 6월 전 세계에서 가장 추운 도시로 알려진 러시아의 베르호얀스크에서는 기상 관측 이래 최고 온도인 38°C가 보고되었다. 이는 이 도시의 6월 평균기온에 비해 무려 18°C나 높은 수치이다. 같은 해 7~10월에 걸쳐 미국 서부에서는 기록적인 고온과 가뭄이 겹쳐 엄청난 규모의 산불이 지속되어 광범위한 산림생태계가 파괴되었고 심각한 대기오염 문제가 대두된 바 있

5　예를 들어, 위키백과에서 '2020년 한반도 집중호우' 항목이 따로 개설된 점을 들 수 있다.

다. 2021년 2월에는 북미 전역에 21세기 최악의 겨울폭풍이 휘몰아쳐 미국 본토의 4분의 3 정도가 눈에 뒤덮인 일이 있었다. 특히 미국 내에서 대표적으로 더운 지역인 텍사스주의 기온이 영하 20°C 미만으로 떨어져 같은 시각 영하 16°C를 기록한 알래스카 페어뱅크스보다 추워진 초유의 현상마저 발생했다. 이러한 일련의 사례에 대해 학계에서는 흔히 극한기후(extreme climate) 또는 극한기상(extreme weather)과 같은 표현을 사용한다.

기온, 강수량, 습도, 풍향, 풍속 등의 기상·기후 요소는 일정 지역에서 일정 기간 동안 일반적으로 관측되는 변동 범위가 있다. 어떤 현상이 변동 범위의 상한이나 하한 근처에 해당되는 경우 극한기상으로 간주하게 된다. 사실 변동 범위의 상한과 하한에 얼마나 가까워져야 극한현상으로 간주할 수 있을지 그 임계치(threshold)에 대해서 보편적으로 합의가 이루어진 것은 아니다. 다시 말해 극한기상현상을 정확하게 정의하는 것이 쉬운 작업은 아니다. 비가 오는 현상만 하더라도 극한상황인지의 여부를 결정하는 데 다음과 같은 여러 기준이 사용될 수 있다.

- 강도(intensity): 짧은 시간 동안이라도 한 번에 유례없이 많은 양이 쏟아질 수 있다
- 빈도(frequency): 많은 양이 아니더라도 유례없이 자주 내릴 수 있다
- 지속 시간(duration): 많은 양이 아니더라도 유례없이 긴 시간 동안 지속될 수 있다
- 공간적 범위(spatial scale): 짧은 시간 동안 적은 양이더라도 유례없이 넓은 지역에 걸쳐 내릴 수 있다
- 피해 정도(damage): 위 네 가지 조건에 해당하지 않더라도 상황에

따라 유례없이 큰 인명 또는 재산 피해를 유발할 수 있다

설사 위 조건 중 어느 하나에 초점을 맞추더라도 극한현상 여부를 명확하게 판단하는 것은 간단한 일이 아니다. 임계치를 정하는 방법이 다양하기 때문이다. 예를 들어, 백분위수(percentile) 개념을 사용하여 일정 기간 내의 모든 날 가운데 발생한 강수 현상에 대해 비의 양을 측정하고 이를 바탕으로 강수량의 순위를 매기는 방법이 있다. 에리히 피셔(Erich Fischer)와 레토 크누티(Reto Knutti)는 99.9백분위수와 99.99백분위수를 각각 보통 수준의 극한(moderate extreme)과 최고 수준의 극한(most extreme)으로 분류했다(Fischer and Knutti 2015). 위 두 숫자는 각각 1천 일과 1만 일에 한 번 발생하는 강수량을 의미한다. 표준편차의 개념을 사용할 수도 있다(Hansen et al. 2012). 우선 30년 정도의 기준 기간(reference period) 동안 계절별 평균기온 m_1과 표준편차 σ를 파악한다. 연구하고자 하는 기간(study period)의 평균기온 m_2도 측정한다. 그다음 m_2로부터 m_1을 빼고 이 차이를 σ로 나누어 표준편차 점수(standard deviation score)를 구한다. 만약 어떤 시기에 3점 이상이 산출된다면 극한폭염이 발생했다고 간주한다.

2. 기후변화와 극한현상 사이의 관계

여기에서 극한기상과 극한기후를 언급하는 것은 이것이 산업화 이후 진행된 점진적인 기후변화만큼 사회변동에 지대한 영향을 미칠 수 있기 때문이다. 앞서 상술한 것처럼, 지구온난화는 장기적으로 인류와 생물종에게 큰 함의를 가진다. 그런데 사실 이러한 함의는 대부분 컴퓨터 시뮬레이션 모델링을 통한 예측에 기반한다. 이 때문에 많은 사

람들은 앞으로 생길 수 있는 기후변화와 이로 인한 잠재적인 문제에 대해 추상적으로만 인식하거나 심지어 큰 관심을 가지지 못할 수 있다. 반면 폭염, 폭우, 폭풍, 폭설, 혹한, 가뭄 등의 극한현상은 자연재해로 인간의 안전은 물론 정치·경제·외교적 문제와 직결되어 있다. 굳이 기후변화의 경우처럼 불확실한 모델링을 통해 예측하거나 그 실체에 대해 갑론을박할 필요도 없다. 바로 인류가 다음 세대도 아닌 지금 이 순간 직면한 현실인 것이다.

우리는 극한현상이 발생할 때 이것이 기후가 변화하는 증거라는 말을 종종 접한다. 심지어 극한현상의 발발 자체를 기후변화로 생각하는 경우도 있다. 혹독하게 더웠던 2018년의 여름을 두고 한반도를 포함한 동아시아 온난화의 가능성을 거론했던 것을 예로 들 수 있다. 그러나 이 장의 서두에서 언급했듯이, 일반적인 기후 조건은 최소한 30년에 걸쳐 지속적으로 구득한 관측 자료를 바탕으로 정의된다. 중장기간에 걸쳐 발견한 전반적인 경향에 대해 기후변화의 가능성을 탐색해 볼 수 있는 것이다. 오랜 시간 동안 넓은 지역에 걸쳐 점진적으로 진행되는 기후변화에 비해 극한현상은 훨씬 좁은 공간에서 갑작스럽고 짧게 발생한다. 지구온난화의 강도와 속도에 대해서는 꾸준하고 정밀한 관측과 어느 정도의 예측이 가능한 반면 극한현상의 발발을 시공간적으로 예견하는 것은 대단히 어려운 일이다. 즉, 극한현상에 대해서는 전반적인 경향이나 추세를 쉽게 파악할 수 없기 때문에 이를 기후변화와 동일시하거나 유사한 개념으로 생각하는 것은 적절하지 않다.

한편 많은 매체와 대중이 극한기상현상의 원인을 기후변화로 돌리는 분위기 또한 다시 생각해볼 필요가 있다. 이는 극한현상을 기후변화의 징후 내지 지시자(indicator)로 간주하는 관점에 대한 문제제기이기도 하다. 사실 이렇게 기후변화와 극한현상을 인과관계적으로 연결하는 논리가 인류가 직면한 기후변화의 문제를 부각하고 탄소 저감의 노력을 고양하는 데 도움이 될 수도 있다. 2100년과 같은 먼 훗날을 대상으로 온실가스 농도와 평균기온을 예측하면서 미래 세대에게 더 나은 지구를 물려주자는 주장보다는, 당장 눈앞에 펼쳐진 자연재해로 인한 인명과 재산 피해를 줄이기 위해 기후변화를 억제하자는 목소리가 더 설득력이 있을 것이기 때문이다.

　기후변화의 원인을 인간의 산업화와 대기 중 온실가스의 증가로 여기는 데에는 거의 이견이 없다. 그럼에도 불구하고 다음 예시들은 기후변화가 극한기상현상을 일으켰다고 당연시하는 데 신중해야 한다는 것을 보여준다. 2020년 6월 베르호얀스크에서 기록된 시베리아의 38°C 폭염을 다시 생각해보자. 이 현상이 지구온난화로 인해 야기되었다고 생각할 수도 있겠지만, 사실 2000년대 들어 시베리아에서 이 정도 수준의 기온이 관측된 적은 없다. 비슷한 기온이 관측되었던 사례도 1988년(37.3°C)까지 시간적으로 꽤 멀리 거슬러 올라가야 한다. 다시 말해, 2020년의 시베리아 폭염은 지구온난화의 결과로 생길 수 있는 예측 가능한 일반적인 현상이라기보다는 아직 현대 과학이 풀기 어려운 여러 가지 요인이 복합적으로 얽히고설켜 발생한 우연적인 사건으로 볼 여지가 있다.

　2020년 여름 미국 서부의 기록적인 고온과 가뭄으로 인한 대규모 산불은 당시 발생했던 라니냐 현상[6]에 기인한 것으로 알려져 있다. 사실 이 라니냐는 북극의 기온을 높여 제트기류를 약화시키고 편서풍의 파동을 심화시킴으로써 한반도 주변의 장마전선을 정체시켜 장기간의 폭우를 유발했다고 추정되기도 한다(그림 1-13). 적도의 무역풍이 어

6　적도 무역풍이 평년보다 강해져 서태평양의 수온이 평년보다 높아지고 찬 해수의 용승으로 인해 동태평양의 수온이 낮아지게 된다.

떤 원인과 메커니즘에 의해 평년보다 강하거나 약해지는지, 지구온난화가 이에 어떠한 영향을 미치는지 등에 대해 현대 과학이 제시할 수 있는 명확한 답은 없다. 종합하면, 현대 사회가 최근 목도한 일련의 극한기상현상이 지구온난화로 인한 것인지, 지구온난화의 징후인지, 혹은 인간의 활동으로 인한 온실가스의 증가가 없었다면 거의 발발하지 않았을지 등의 여부를 판단하기에는 아직 학문적인 근거가 부족한 상황이다. 기후변화와 극한현상 사이의 인과관계적 메커니즘을 밝히고 이해하기 위해 학계가 나아가야 할 길이 여전히 멀다.

물론 기후변화와 극한기상현상 사이의 관계를 부정하는 것도 바람직하지 않다. 지구온난화가 오늘날의 극한현상을 야기하는 직접적이고 절대적인 원인이라고 단정하기는 어려워도 극한현상의 규모와

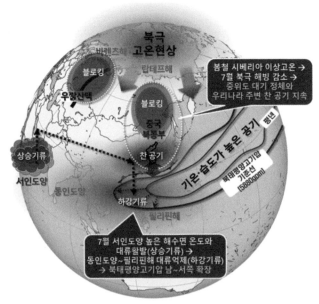

그림 1-13. 2020년 한반도 장마의 원인을 설명하는 모식도

출처: 기상청(2020), 그림 4.

횟수 혹은 발발 가능성에 영향을 준다는 연구 결과는 다수 발표되고
있다. 대표적으로 지구온난화로 인해 기온의 확률분포가 변하는 예가
있다. 〈그림 1-14〉에 기후변화 이전과 이후의 확률분포가 있다. 이들
곡선 아래의 면적은 동일하다. 일차적으로 주목할 점은 지구온난화로
인해 확률분포가 더 납작해졌다는 것이다. 아울러 평균기온이 상승했
고 혹한의 가능성이 거의 변하지 않은 반면 폭염의 가능성은 크게 증
가했다. 다시 말해, 과거에는 극히 드물게 발생했을 이상고온현상이
최근 들어 조금이라도 더 자주 발생하게 되었고 이러한 확률의 상승에
지구온난화가 기여하는 바가 적지 않을 것이라는 결론에 이르게 된다
(Hansen et al. 2012). 2020년 6월 시베리아의 폭염도 인간의 영향이
없었다면 발생하기 어려운 현상으로 추정되고 있다. 한 시뮬레이션 연
구에 따르면, 당해 1~6월에 발생했던 시베리아 일대의 온실효과 때문
에 38°C라는 극한기온이 생길 확률이 최소 600배 정도 커졌다고 한다
(Ciavarella et al. 2020).

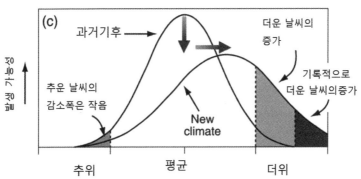

그림 1-14. 지구온난화의 결과로 평균 및 극한기온의 확률분포가 보이는 변화

출처: IPCC(2001), Figure 2-32.

3. 기후변화와 극한현상 사이의 관계에 대한 지식의 분류

극한기상현상의 원인을 파악하는 것은 분명 중요한 일이다. 특히 인간의 산업화 이후 심화한 온실효과와 지구온난화가 극한현상에 어느 정도로 어떻게 기여했는지 이해하려는 노력은 앞으로도 지속될 필요가 있다. 이와 관련하여 학문적으로 많은 진보가 있었지만, 전술했듯이 학계가 아직 나아가야 할 길이 먼 것도 사실이다. 그러므로 기후변화와 극한현상 사이의 관계에 대한 연구가 어느 면에서 뚜렷이 발전했는지, 어떤 측면에서 미진한지 등에 대해 분류하는 것은 현대 과학이 다져온 지식의 수준을 진단하는 데 도움이 될 것이다. 여기에서는 〈표 1-2〉와 같이 기후변화와 극한기상현상 사이의 인과관계적 메커니즘에 대한 이해와 모델링 결과를 바탕으로 현재 지식을 크게 네 영역으로

표 1-2. 기후변화와 극한현상의 관계를 현재 지식의 상태에 따라 한 분류

기후모델 예측 결과 \ 인과관계적 메커니즘	기후변화로 극한기상이 일어난다고 해석할 수 있는 메커니즘이 부족함	기후변화로 극한기상이 일어난다고 해석할 수 있는 메커니즘이 제시됨
기후변화가 극한기상으로 이어진다는 것을 모델 결과가 뒷받침하기에 부족함	태풍의 빈도와 강도(Lighthill, Holland, Gray et al. 1994; Sugi, Murakami, and Yoshimura 2012; Emanuel 2013; Yoshida, Sugi, Mizuta et al. 2017)	영구동토층 홍수(Nilsson, Polvi, and Lind 2015; Schuur, McGuire, Schadel et al. 2015) 산불로 인한 빙하융해(Kim, Hatsushika, Muskett et al. 2005; Westerling 2016) 한반도 한파(Liu, Curry, Wang et al. 2012; 김성중 2012)
기후변화가 극한기상으로 이어진다는 것을 모델 결과가 뒷받침함	카리브해 가뭄(Herrera, Ault, Fasullo et al. 2018) 태풍으로 인한 폭우(Chu, Lee, Timmermann et al. 2020)	폭염(Hansen, Sato, and Ruedy 2012; Fischer and Knutti 2015) 폭풍해일(Arns, Dangendorf, Jensen et al. 2017; Tebaldi, Strauss, and Zervas 2012)

나누어 설명하기로 한다.

(1) 메커니즘에 대한 이해와 모델링 결과가 충분한 경우
이 영역은 가장 이상적인 경우로 현대 과학이 추구해야 할 목표이기도
하다. 그러나 현실적으로 인류가 경험하는 다양한 극한기상현상 중에
이에 해당하는 것은 많지 않다. 가장 대표적인 예로, 지구온난화를 통
해 폭염의 발생 확률이 커지는 것을 생각해볼 수 있다. 인류는 현재 〈그
림 1-14〉에서처럼 해당 메커니즘에 대해 충분히 이해하고 있다. 아울
러 다양한 컴퓨터 시뮬레이션을 통해서도 이러한 메커니즘이 실제로
작동하고 있다는 것이 입증되고 있다. 피셔와 크누티는 지구온난화가
심해질수록 폭염이 발생할 확률이 폭증한다는 전 지구적 기후모델링
결과를 제시하고 있다(Fischer and Knutti 2015)(그림 1-15).

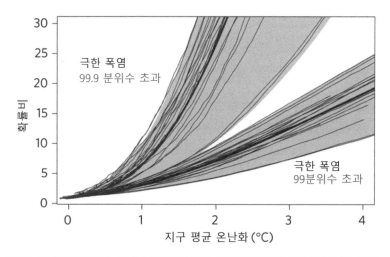

그림 1-15. 전 지구 평균기온의 상승(가로축)에 따른 상위 99% 폭염과 상위 99.9% 폭염이 몇
배나 더 자주 발생(세로축, 확률비)할 것인지를 보여주는 그림

출처: Fischer and Knutti(2015), Figure 2b.

다음으로 전 지구적인 온난화로 인해 폭풍해일의 강도가 증가하여 많은 해안 지역이 침수되는 현상이 있다. 주지하다시피 기후변화는 극지방의 빙하를 녹이고 해수의 열팽창을 야기함으로써 해수면을 상승시킨다(그림 1-16). 이렇게 수심이 깊어지며 외해로부터 밀려오는 해일을 억제해주던 조건이 사라짐으로써 비선형적으로 해일의 강도가 높아진다(Arns et al. 2017). 추가적으로 해안에서 진행되는 석유가스의 추출로 인해 지반이 침하되어 해일로 인한 침수의 위험이 더욱 커지게 된다.

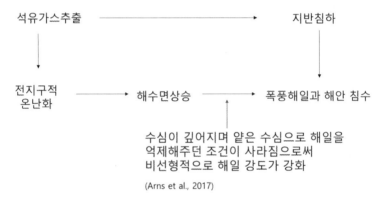

(Arns et al., 2017)

그림 1-16. 지구온난화가 폭풍해일 및 해안 침수의 빈도 및 강도의 증가로 이어지는 과정

이렇게 해수면의 상승 및 팽창, 지반 침하로 인한 폭풍해일의 빈도 및 강도의 증가는 모델링 결과에서도 드러난다(그림 1-17).

(2) 메커니즘에 대한 이해는 충분하나 모델링 결과가 뒷받침하지 못하는 경우

인류가 쌓아온 많은 지식은 이론적인 수준에 머물러 있는 경우가 흔하다. 아직 실측 자료나 모델링을 통해 검증이 되지 않은 것이다. 예를

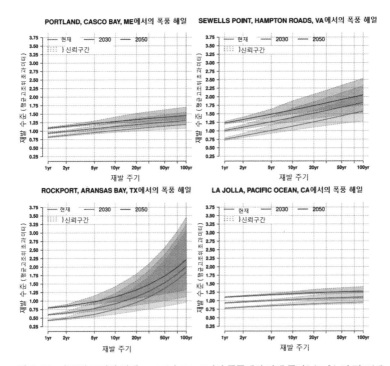

그림 1-17. 미국 각 도시별 현재, 2030년, 2050년의 폭풍해일 발생 주기(가로축) 및 강도(세로축) 변화

출처: Tebaldi et al.(2012), Figure 5.

들어, 다음과 같은 온난화의 영향과 되먹임 작용에 대해서는 많은 학자들이 신빙성 있는 설명으로 인정하고 있다(그림 1-18). 기후변화로 인해 빙하의 녹는 시기, 즉 봄이 오는 시기가 빨라지고 이에 따라 이른 가뭄이 도래하며 식생이 건조하게 되어 산불의 발생 가능성이 높아진다(Westerling 2016). 산불에서 발생하는 그을음은 빙하에 가라앉아 알베도(반사율)를 낮추어 더 많은 열이 지구 표면에 흡수된다(Kim et al. 2005). 이는 빙하의 감소로 이어지고 알베도를 더욱 낮추며 온난화를 심화시키는 결과를 초래한다. 이러한 일련의 메커니즘은 흥미로운 측면이 있지만, 아직 실측 자료가 보고되거나 컴퓨터 시뮬레이션을 통해 구체적으로 모사된 사례가 부족한 상황이다.

그림 1-18. 지구온난화에 따른 빙하 감소와 산불 증가의 되먹임

온난화로 인한 홍수 피해의 경우도 마찬가지이다. 기후변화로 인해 고위도 지역의 영구동토층이 녹는 현상은 잠재적으로 두 가지 문제를 초래할 수 있다(그림 1-19). 첫째, 하천 주변의 흙더미가 무너져 하천생태계가 취약해지며(Nilsson et al. 2015) 늘어난 유량으로 인해 홍수의 발생 가능성이 증가한다. 둘째, 기존의 영구동토층에 분포하던 유기질 토양이 지표의 미생물에 노출되어 분해되고 이렇게 발생한 온

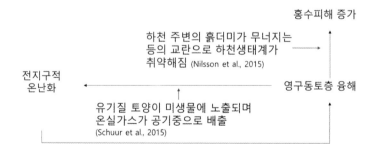

그림 1-19. 영구동토층의 융해로 발생하는 온실가스 및 홍수 피해의 증가

실가스가 대기 중으로 유입된다(Schuur et al. 2015). 이는 궁극적으로 온난화를 심화시키는 되먹임을 유발할 수 있다. 그러나 이러한 일련의 메커니즘 역시 다양한 컴퓨터 시뮬레이션을 통해 검증될 필요가 있다.

　마지막으로 북극의 얼음 감소로 인한 한반도의 한파 가능성이 있다(그림 1-20). 전 지구적 온난화로 인해 많은 양의 극지방 빙하가 녹아 대기 중에 수증기가 증가할 수 있다(Liu et al. 2012). 이는 북반구 고위도 일대에 폭설을 유발함으로써 지표의 알베도를 높일 수 있다(김성중 2012). 결과적으로 지표의 열에너지가 대량 손실됨으로써 한파가 발생할 수 있다. 이러한 메커니즘은 충분히 발생 가능한 것으로 사료되지만 모델링을 통해 구체적으로 검증할 필요가 있다.

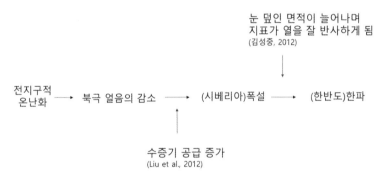

그림 1-20. 북극의 얼음이 감소했음에도 불구하고 도리어 한반도에 한파가 발생하는 원리

(3) 메커니즘에 대한 이해가 부족하나 모델링 결과는 뒷받침하는 경우

대기 중 이산화탄소 농도의 증가로 인해 태풍이 상륙한 이후 폭우가 증가할 것이라고 예측하는 컴퓨터 모델러들도 다수 존재한다(Chu et al. 2020). 그러나 이들은 왜 그러한 모델링 결과가 도출되었는지는 여전히 불확실하며 그 기저에 깔린 원리에 대해서 더 분석할 필요가 있

다며 조심스러운 입장을 보이고 있다.

2013년부터 2016년까지 카리브해 지역에서 발생한 가뭄의 경우에도 지구온난화가 이 사태를 악화시켰다는 모델링 결과는 존재한다(Herrera et al. 2018). 그러나 이에 대해 기온 상승으로 인해 증발이 증가했다는 단순한 설명만이 존재할 뿐이다. 즉, 위와 같은 모델은 대기중 수증기의 증가로 인한 강수량 증가와 같은 상쇄 효과를 고려하지 못한다는 이론적 한계를 가지고 있다.

(4) 메커니즘에 대한 이해와 모델링 결과가 모두 부족한 경우

기후변화와 극한기상현상의 발생 메커니즘을 충분히 이해하고 다양한 모델링 기법을 통해 검증하는 것은 결코 쉬운 일이 아니다. 대표적으로 지구온난화와 태풍[7] 사이의 관계를 둘러싼 불확실성을 생각해볼 수 있다. 지구온난화로 인해 태풍의 빈도와 강도가 증가할 것인지, 감소할 것인지에 대해서는 여전히 의견이 분분하며 심지어 상반되는 모델링 결과가 발표되고 있다. 열대 지역에서 태풍이 최초 발생하기 위해서는 기본적으로 해수면이 약 26.5°C 이상의 온도를 유지하며 높은 수준의 열에너지를 지녀야 한다. 온난화로 인해 해수면이 평소보다 더 데워진다면 강한 태풍의 발생을 촉진한다고 쉽게 생각할 수 있다. 그러나 해수면의 온도는 태풍을 발생시키기 위한 여러 조건 중 하나일 뿐 크게 여섯 가지로 분류되는 태풍의 발생 조건[8]이 모두 충족되어야

---

7 열대폭풍(tropical storm) 혹은 열대저기압(tropical cyclone)의 일종으로, 서태평양의 저위도 지역에서 발원하여 고위도로 북상하며 동남아시아와 미크로네시아 일부에 영향을 준다. 인도양과 남태평양에서 발생하는 경우 사이클론이라고 부르며 동태평양과 북대서양에서 발생하면 허리케인이라 부른다.

8 제임스 라이트힐(James Lighthill) 외(1994)에 따르면, 태풍이 발달하기 위한 기상 조건은 다음과 같다(Lighthill et al. 1994). ① 26°C 이상의 해수면 온도, ② 고도에 따른 기온

비로소 태풍이 생겨날 수 있다. 그리고 이 여섯 가지 조건 가운데 기
후변화가 확실히 영향을 끼칠 수 있는 부분은 해수면 온도의 상승 한
가지에 불과하다. 또한 해수면 온도의 상승으로 더욱 강한 태풍이 생
기는 데에도 여전히 이론적인 한계가 존재한다(Lighthill et al. 1994).
이론적인 논의뿐만 아니라 기후 모델링 결과에서도 기후변화와 태풍
의 관계에 대해서는 치열한 논쟁이 이루어지고 있다. 극단적인 예시로
태풍의 빈도와 강도가 증가할 것이라는 모델링 결과(Emanuel 2013)
와 그 빈도가 유의미하게 줄어들 것이라는 모델링 결과(Yoshida et al.
2017)가 공존하는 상황이다.

(5) 기후변화와 극한현상 사이의 관계에 대한 재인식

지금까지 기후변화와 극한기상현상의 관계를 네 가지 지식의 영역에
서 살펴보았다. 이러한 탐색을 통해 다양한 극한현상의 원인을 전 지
구적 온난화로 돌리는 것이 옳은지 그른지를 논하는 것이 여기에서의
목적은 아니다. 다만 둘을 신빙성 있게 연관시키는 것은 충분한 과학
적 연구 결과가 축적된 이후에 시도하는 것이 바람직할 것이다. 이와
관련하여 케빈 트렌버스(Kevin Trenberth)는 다음과 같은 새로운 시
각을 제안하기도 했다(Trenberth 2012).

> "사실 극한현상이 기후변화 때문인가 하는 질문 자체가 너무 단순하기
> 도 하지만 심지어 잘못된 것일 수 있다. (…) 즉, 이러한 질문에 대해 간
> 단하고 명확하며 만족스러운 답은 찾을 수 없는 것이다. 굳이 답을 찾

의 감소율이 높을 것, ③ 고도에 따른 바람의 변화가 적을 것, ④ 중층 대류권의 상대습
도가 높을 것, ⑤ 위도의 절댓값이 5° 이상일 것, ⑥ 저고도에서 반시계 방향(남반구의 경
우 시계 방향)의 소용돌이가 존재할 것.

자면, 오늘날의 모든 기상현상은 기후변화의 영향을 받기는 한다. 왜냐하면 기상현상이 나타나는 대기의 조건이 어쨌든 과거보다 더 따뜻하고 습한 것은 맞기 때문이다."

IV. 요약과 결론

이 책은 기후변화로 인해 야기되는 사회변동을 다루고 있다. 이러한 논의를 위해 이 장에서는 우선 기후변화 자체에 대한 이해를 도모하고자 했다. 특히 인간의 산업화 이후 가속화된 온실효과와 전 지구적 온난화의 역사를 살펴보았다. 아울러 이 문제를 해결하고자 인류가 어떠한 노력을 기울여왔는지 대표적인 기후변화 시나리오의 예를 들어 서술했다. 마지막으로 인명과 재산에 직접적인 피해를 야기하여 잠재적으로 사회변동에 영향을 줄 수 있는 극한기상현상을 소개했다. 지구온난화가 이러한 극한현상의 원인이라고 쉽게 생각할 수 있으나, 둘 사이의 신빙성 있는 연결을 위해 현대 과학이 나아가야 할 길이 아직 많이 남아 있다는 점을 논의했다.

오늘날 인류는 하늘에서 벌어지는 두 가지 현상—기후변화와 극한기상현상—에 많은 관심을 가지고 있다. 기후변화는 장기적으로 전 지구에 걸쳐 생물 다양성의 감소나 해안 저지대의 소멸 등을 유발할 것이라 우려된다. 극한현상은 바로 현재 인명과 재산에 직접적인 피해를 줄 수 있는 초미의 관심사이다. 만약 극한현상의 빈도가 장기간에 걸쳐 꾸준히 증가하는 추세를 보인다면, 그리고 이 추세가 통계적으로 의미 있는 변동으로 인정된다면, 이것은 또 다른 종류의 기후변화 문제로 우리에게 다가올 것이다. 즉, 미래 사회가 겪을 기후변화는 단순히 온난화 자체에 국한된 것이 아닐 수 있다. 우리는 사회변동을 언급하기에 앞서 기후변화와 각종 기상현상 자체가 상당히 복잡하고 난해한 개념이라는 점을 인지해야 한다. 기후변화의 의미를 이해하기 위해 우선적으로 자연과학 측면에서 더 많은 시간과 노력이 필요하다.

참고문헌

국립수목원. 2012. 기후변화에 따른 식물지리학적 분포 변화.

국토지리정보원. 2020. 국가지도집 2권. http://nationalatlas.ngii.go.kr/pages/page_94.php

기상청. 2017. "기후변화 시나리오." 기후변화감시 용어 해설집. http://www.climate.go.kr/home/10_wiki/index.php/기후변화_시나리오란.

_____. 2020. "2020년 여름은 어떤 기록을 세웠을까?." 대한민국 기상청 대표 블로그: 생기발랄. https://blog.naver.com/kma_131/222085482987

_____. 2021. "종합 기후변화감시정보." http://www.climate.go.kr/home/09_monitoring/ghg/co2_global_trend

김성중. 2012. "겨울한파 북극 해빙은 알고 있다." 과학동아 12(2012): 62-65.

문화체육관광부. 2020. "2050 탄소중립." 정책위키. https://www.korea.kr/special/policyCurationView.do?newsId=148881562

박찬호. 2013. "기후변화가 생태계에 미치는 영향과 관련 사례(국내 생물다양성 및 생태계 변화 연구를 중심으로)." 한국환경정책평가연구원 생태계 환경안보 전문가 세미나.

위키백과. 2021. "2020년 한반도 집중호우." https://ko.wikipedia.org/wiki/2020년_한반도_집중호우

환경부. 2013. "기후변화협약의 개요."
https://www.me.go.kr/home/web/policy_data/read.do?menuId=10259&seq=3.

American Chemical Society. 2021. "It's water vapor, not the CO2." *Climate Science Narratives*. https://www.acs.org/content/acs/en/climatescience/climatesciencenarratives/its-water-vapor-not-the-co2.html

Arns, A., S. Dangendorf, J. Jensen, S. Talke, J. Bender, and C. Pattiaratchi. 2017. "Sea-level rise induced amplification of coastal protection design heights." *Scientific Reports* 7: 40171.

Brunetti, M. and F. Prodi. 2015. "The Climate system." *The European Physical Journal Conferences* 98: 02001.

Buis, A. 2019. "The Atmosphere: getting a handle on carbon dioxide." *NASA Global Climate Change*. https://climate.nasa.gov/news/2915/the-atmosphere-getting-a-handle-on-carbon-dioxide

Center for Climate and Energy Solutions. 2021. *Main Greenhouse Gases*. https://www.c2es.org/content/main-greenhouse-gases/

Ciavarella, A., D. Cotterill, P. Stott, S. Kew, S. Philip, G. J. Oldenborgh, A. Skalevag, P. Lorenz, Y. Robin, F. Otto, M. Hauser, S. I. Seneviratne, F. Lehner, and O. Zolina. 2020. "Prolonged Siberian heat of 2020." *World Weather Attribution*. https://

www.worldweatherattribution.org/wp-content/uploads/WWA-Prolonged-heat-Siberia-2020.pdf.

Chu, J. E., S. S. Lee, A. Timmermann, C. Wengel, R. Yamaguchi, M. F. Stuecker. 2020. "Reduced tropical cyclone densities and ocean effects due to anthropogenic greenhouse warming." *Science Advances* 6, no. 51: eabd5109.

Efbrazil. 2020. *Common Era Temperature.* https://commons.wikimedia.org/wiki/File:Common_Era_Temperature.svg

Emanuel, K. A. 2013. "Downscaling CMIP5 climate models shows increased tropical cyclone activity over the 21st century." *PNAS* 110, no. 30: 12219-24.

Fischer, E. M. and R. Knutti. 2015. "Anthropogenic contribution to global occurrence of heavy-precipitation and high-temperature extremes." *Nature Climate Change* 5, no. 6: 560-64.

Global Methane Initiative. 2021. *Global Methane Emissions and Mitigation Opportunities.* https://www.globalmethane.org/documents/gmi-mitigation-factsheet.pdf

Hansen, J., M. Sato, and R. Ruedy. 2012. "Perception of climate change." *PNAS* 109, no. 37: 14726-27.

Herrera, D. A., T. R. Ault, J. T. Fasullo, S. J. Coats, C. M. Carrillo, B. I. Cook, and A. P. Williams. 2018. "Exacerbation of the 2013-2016 Pan-Caribbean drought by anthropogenic warming." *Geophysical Research Letters* 45, no. 19: 10619-26.

IPCC. 2001. *Third Assessment Report Climate Change 2001: The Scientific Basis.* Cambridge, UK and New York, NY: Cambridge University Press.

_____. 2007. *Fourth Assessment Report Climate Change 2007: The Physical Science Basis.* Cambridge, UK and New York, NY: Cambridge University Press.

_____. 2013. *Climate Change 2013: The Physical Science Basis.* Contribution of Working Group I to the Fifth Assessment Report of the Intergovernmental Panel on Climate Change. Cambridge, UK and New York, NY: Cambridge University Press.

Kim, Y., H. Hatsushika, R. Muskett, and K. Yamazaki. 2005. "Possible effect of boreal wildfire soot on Arctic sea ice and Alaska glaciers." *Atmospheric Environment* 39, no. 19: 3513-20.

Lighthill, J., G. Holland, W. M. Gray, C. W. Landsea, G. Craig, J. Evans, Y. Kurihara, and C. Guard. 1994. "Global climate change and tropical cyclones." *Bulletin of the American Meteorological Society* 75, no. 11: 2147-57.

Lindsey, R. 2021. *Climate Change: Global Sea Level.* Climate.gov. https://www.climate.gov/news-features/understanding-climate/climate-change-global-sea-level

Liu, J., J. A. Curry, H. Wang, M. Song, and R. M. Horton. 2012. "Impact of declining Arctic sea ice on winter snowfall." *PNAS* 109, no. 11: 4074-79.

Myhre, G., D. Shindell, F. Breon, W. Collins, J. Fuglestvedt, J. Huang, D. Koch, J. Lamarque, D. Lee, B. Mendoza, T. Nakajima, A. Robock, G. Stephens, T.

Takemura, and H. Zhang. 2013. "Anthropogenic and natural radiative forcing." in *Climate Change 2013: The Physical Science Basis.* eds. T. F. Stocker, D. Qin, G. Plattner, M. Tignor, S. K. Allen, J. Boschung, A. Nauels, Y. Xia, V. Bex, and P. M. Midgley. Contribution of Working Group I to the Fifth Assessment Report of the Intergovernmental Panel on Climate Change. Cambridge, UK and New York, NY: Cambridge University Press.

NASA Global Climate Change. 2021. *Arctic Sea Ice Minimum.* https://climate.nasa.gov/vital-signs/arctic-sea-ice/

Nilsson, C., L. E. Polvi, and L. Lind. 2015. "Extreme events in streams and rivers in arctic and subarctic regions in an uncertain future." *Freshwater Biology* 60, no. 12: 2535-46.

NOAA. 2011. *Trends in Atmospheric Methane.* https://www.esrl.noaa.gov/gmd/ccgg/trends_ch4/

PAGES 2k Consortium. 2019. "Consistent multidecadal variability in global temperature reconstructions and simulations over the Common Era." *Nature Geoscience* 12, no. 8: 643-49.

Park, J. 2017. "Solar and tropical ocean forcing of late-Holocene climate change in coastal East Asia." *Palaeogeography, Palaeoclimatology, Palaeoecology* 469: 74-83.

Pinsky, M. L., A. M. Eikeset, D. J. McCauley, J. L. Payne, and J. M. Sunday. 2019. "Greater vulnerability to warming of marine versus terrestrial ectotherms." *Nature* 569, no. 7754: 108-11.

Riahi, K., D. P. Vuuren, E. Kriegler, J. Edmonds, B. C. O'Neill, S. Fujimori, N. Bauer, K. Calvin, R. Dellink, O. Fricko, W. Lutz, A. Popp, J. C. Cuaresma, K. C. Samir, M. Leimbach, L. Jiang, T. Kram, S. Rao, J. Emmerling, K. Ebi, T. Hasegawa, P. Havlik, F. Humpenoder, L. A. Silva, S. Smith, E. Stehfest, V. Bosetti, J. Eom, D. Gernaat, T. Masui, J. Rogelj, J. Strefler, L. Drouet, V. Krey, G. Luderer, M. Harmsen, K. Takahashi, L. Baumstark, J. C. Doelman, M. Kainuma, Z. Klimont, G. Marangoni, H. Lotze-Campen, A. Obersteiner, A. Tabeau, and M. Tavoni. 2017. "The Shared Socioeconomic Pathways and their energy, land use, and greenhouse gas emissions implications: An overview." *Global Environmental Change* 42: 153-68.

Rigby, M., S. Park, T. Saito, L. M. Western, A. L. Redington, X. Fang, S. Henne, A. J. Manning, R. G. Prinn, G. S. Dutton, P. J. Fraser, A. L. Ganesan, B. D. Hall, C. M. Harth, J. Kim, K. Kim, P. B. Krummel, T. Lee, S. Li, Q. Liang, M. F. Lunt, S. A. Montzka, J. Muhle, S. O'Doherty, M. Park, S. Reimann, P. K. Salameh, P. Simmonds, R. L. Tunnicliffe, R. F. Weiss, Y. Yokouchi, D. Young. 2019. "Increase in CFC-11 emissions from eastern China based on atmospheric observations." *Nature* 569, no. 7757: 546-50.

Schuur, E. A., A. D. McGuire, C. Schadel, G. Grosse, J. W. Harden, D. J. Hayes, G. Hugelius, C. D. Koven, P. Kuhry, D. M. Lawrence, S. M. Natali, D. Olefeldt, V. E.

Romanovsky, K. Schaefer, M. R. Turetsky, C. C. Treat, and J. E. Vonk. 2015. "Climate change and the permafrost carbon feedback." *Nature* 520, no. 7546: 171-79.

Sugi, M., H. Murakami, and J. Yoshimura. 2012. "On the mechanism of tropical cyclone frequency changes due to global warming." *Journal of the Meteorological Society of Japan* 90, A: 397-408.

Tebaldi, C., B. H. Strauss, and C. E. Zervas. 2012. "Modelling sea level rise impacts on storm surges along US coasts." *Environmental Research Letters* 7, no. 1: 014032.

Trenberth, K. E. 2012. "Framing the way to relate climate extremes to climate change." *Climatic Change* 115, no. 2: 283-90.

UN Climate Change. 2021. *What is the Kyoto Protocol?*. https://unfccc.int/kyoto_protocol.

United States Environmental Protection Agency. 2021. *Ozone-Depleting Substances*. https://www.epa.gov/ozone-layer-protection/ozone-depleting-substances

Westerling, A. L., H. G. Hidalgo, D. R. Cayan, and T. W. Swetnam. 2006. "Warming and earlier spring increase western US forest wildfire activity." *Science* 313, no. 5789: 940-43.

Yoshida, K., M. Sugi, R. Mizuta, H. Murakami, and M. Ishii. 2017. "Future changes in tropical cyclone activity in high-resolution large-ensemble simulations." *Geophysical Research Letters* 44, no. 19: 9910-17.

제2장

한반도의 홀로세 기후변화와
선사시대 사회의 변동*

박정재

*   이 장은 『대한지리학회지』 2021년 4월호에 실린 논문을 수정 및 확장한 것이다.

I. 머리말

20세기 초반만 하더라도 지리학계에서는 환경이 인간의 삶을 좌우한다는 '환경결정론(environmental determinism)'이 지리학의 핵심 이론 가운데 하나로 굳건히 자리 잡고 있었다. 기후와 환경이 오랫동안 인간 사회에 미쳤던 영향력을 고려할 때 이 이론이 근대 지리학자들의 관심을 끈 것은 당연했다. 그러나 환경결정론은 그 효용성을 떠나 도덕적으로 결함이 많은 이론이라 학계의 지속적인 지지를 받기가 어려웠다. 프랑스의 지리학자인 비달 드 라 블라슈(Vidal de la Blache)가 문화의 역할을 강조하는 '가능론(possiblism)'을 제시한 이래 미국의 버클리 학파를 중심으로 환경결정론에 대한 반발이 전 세계 지리학계에 거세게 이어졌다. 지금은 많은 학자가 환경결정론을 불미스러웠던 과거로 치부한다. 환경결정론은 한동안 관련 학계에서 완전히 추방된 것처럼 보였다. 그러나 세계적 베스트셀러인『총·균·쇠(*guns, germs, and steel*)』의 성공에서 보듯이 환경결정론은 변형된 형태로 여전히 살아남아 있다. 최근에는 지리학뿐만 아니라 다른 인접 학문 분야에서도 광범위하게 활용된다. 이렇게 끈질긴 생명력은 환경결정론이 가진 힘을 대변한다.

19세기 후반과 20세기 초반에 지리학계에서 대표적인 환경결정론자로 불렸던 인물로는 독일의 프리드리히 라첼(Friedrich Ratzel)과 미국의 엘런 셈플(Ellen Semple), 엘스워스 헌팅턴(Ellsworth Huntington) 등을 꼽을 수 있다. 라첼은 근대 지리학계에서 처음으로 환경결정론을 주창한 사람으로 잘 알려져 있다. 셈플은 라첼의 제자였고, 두 사람의 학문 기조를 이어받은 헌팅턴은 특히 기후의 역할을 강조했다.

환경결정론이 끊임없이 비판을 받았던 일차적인 이유는 이 이론 이 다윈의 진화론과 연결되어 제국주의와 인종차별을 지지하는 수단 으로 활용되었기 때문이다. 무엇보다 환경결정론은 인종차별을 합리 화하는 근거가 되었다. 셈플은 인종 간에 성정이 서로 다른 것은 환경 의 차이에서 비롯된 것으로 개개인의 근본적인 능력 차이는 미미하다 며 인종차별 논란을 비껴가려 했지만 열대지역 사람들은 대체로 게으 르고 온대지역 사람들은 부지런하다고 단정 짓는 등 인종차별적 사고 를 극복하지 못했다. 헌팅턴은 더욱 노골적이었다. 그는 열대에서 진 화가 정체되면서 아프리카인들이 미개한 상태로 남게 되었다는 근거 없는 주장을 펼쳤다(Cresswell 2013).

환경(기후)결정론적 연구가 20세기 내내 인문사회 분야 학자들 의 공격 대상이 된 또 다른 이유는 결정론적 인과관계를 사실로 받아 들이기에는 과학적 근거가 충분하지 않다는 점 때문이었다. 기후가 과 거 사회의 성쇠를 결정했다는 가설을 입증하기 위해서는 고해상의 기 후변화 자료가 필요했지만 그러한 자료를 구하기가 쉽지 않았다. 특히 연대를 측정할 때 필연적으로 수반되는 에러와 연대측정치 간의 과도 한 내삽이 항상 문제였다(Armit et al. 2014; Douglas et al. 2016). 완전 하지 않은 자료를 토대로 인과관계를 구성하려다 보니 성급한 일반화 라는 비판에 시달릴 수밖에 없었다. 기후가 사회에 영향을 주었을 것 이라 미리 가정하고 바라봄으로써 나타나는 일종의 환상 같은 것이라 는 지적이 많았다(Judkins et al. 2008).

고해상도의 프록시 자료나 세밀한 모델링 결과가 생산되기 전까 지 이러한 연구를 신뢰해서는 안 된다는 것이 환경결정론에 반대하는 사람들의 입장이다. 기후변화와 과거 사회변동 간의 관계가 인과가 아 닌 우연일 가능성도 고려해야 한다는 것이다. 무엇보다도 수많은 변수가 함께 얽혀 있어 기후가 문명에 미치는 영향이 비선형적인 모습을 보일 수밖에 없는데 전자가 후자를 결정한다고 단정할 수는 없다는 것이다(Coombes and Barber 2005). 비달 드 라 블라슈의 영향을 받았던 버클리의 역사문화지리학자 칼 사우어(Carl Souer)는 시종일관 이러한 자세를 견지했으며 환경결정론을 혐오했다. 그는 환경이 인간에게 미치는 영향에 관심을 두기보다는 반대로 환경을 변화시키는 인간의 행위를 중시했다(Williams 1987). 사우어의 시각은 이후 지속 가능 과학(sustainability science)이라는 새로운 학문이 탄생하는 기초가 되었다(Kates et al. 2001).

이처럼 환경결정론은 수십 년간 숱한 공격에 시달렸지만 그럼에도 불구하고 지리학계에서 살아남았다. 오히려 대중 사이에서의 인기는 더욱 높아졌는데, 그 계기가 되었던 것이 제레드 다이아몬드(Jered Diamond)의 저작인 『총·균·쇠』의 출판이었다. 다이아몬드는 자신의 책에서 인종차별적 요소를 배제하기 위해 많은 노력을 기울였다. 그 결과 과거 환경결정론에 기반한 저서들과는 얼핏 다른 면이 엿보인다. 그러나 환경결정론의 틀에 충실한 책이라고 봐도 무방하다. 이는 유럽 사회가 성공할 수 있었던 열쇠가 유럽의 자연환경에 있었다는 책의 핵심 줄거리에서 잘 드러난다(Diamond 1997).

다이아몬드의 책이 환경결정론의 재기에 결정적인 역할을 한 후 21세기 들어 고해상도의 고기후 자료가 급증함에 따라 기후결정론적 연구는 제2의 전성기를 누리고 있다. 특히 석순의 산소동위원소 자료나 나이테 분석 결과와 같이 연대가 정확한 고해상도의 프록시들이 꾸준히 제공되면서 이제는 선사 사회의 성쇠에 기후변화가 어떠한 역할을 했는지 충분히 가늠해볼 만한 단계까지 이른 듯하다. 더불어 적소 모델링, 네트워크 분석, 행위자 기반 모델링 등의 시뮬레이션을 통해 생성된 가상 자료들은 현존하는 프록시 자료의 시공간적 틈을 메우고 있다(Guedes et al. 2016). 그 결과 최근 들어 문명의 성패를 기후와 연관 지으려는 연구들이 폭발적으로 증가하는 상황이다.

고고학계 또한 지리학계와 마찬가지로 1980년대까지만 해도 과거 문명의 붕괴 과정에서 내부 갈등, 인구 증가, 전쟁, 사회의 활력 감소 등 사회적 요인만 중시하는 경향이 강했다. 고환경 자료의 신뢰도가 떨어졌기 때문에 기후변화와 같은 자연적 요인을 고려하는 것 자체가 쉽지 않았기 때문이다. 1990년대에 들어서고 나서야 자연과학적 연구 방법을 통해 안데스(Andes) 문명, 마야(Maya) 문명, 아카드(Akkad) 문명, 인더스(Indus) 문명 등의 쇠락에 기후가 일정 부분 기여했을 것이라는 가설이 등장하기 시작했다. 지금은 고고학계에서도 과거 사회가 기후변화에 지대한 영향을 받았다는 주장을 지지하는 사람들이 늘고 있다(Weiss 2017).

기후결정론적 시각을 경계하는 고고학자도 물론 여전히 존재하지만 고고학과 고기후학의 학문적 소통은 점차 확대되는 추세이며, 최근에는 고고학자뿐 아니라 역사학자까지 과거 사회변화를 탐색할 때 기후변화와의 관련성을 강조하고 있다(Haldon et al. 2018). 이러한 연구 경향의 변화는 지금 우리가 겪고 있는 지구온난화와 무관하지 않다. 지구온난화에 대한 현 사회의 두려움이 기후결정론에 기반한 연구들이 활발하게 전개되도록 돕는 자양분 역할을 하고 있는 셈이다(Hulme 2011).

이와 같은 시대의 흐름 때문인지 우리나라의 학계에서도 과거 기후변화에 민감했던 한반도의 선사·고대 사회들에 대한 관심이 높아지고 있다(Ahn and Hwang 2015; Ahn et al. 2015). 우리나라 청동기를 대표하는 농경 문화인 송국리형 문화는 대표적인 사례라 할 수 있

다. 이 문화는 금강 중·하류 지역에서 수도작을 기반으로 대략 3,000
년 전(3.0kiloyear BP, 이하 ka)에 등장한 뒤 2.3ka 즈음에 사라졌는데,
아직 소멸 원인이 명확하게 밝혀지지 않고 있다. 초기 벼 농경 모습을
간직한 송국리형 문화는 과거 수십 년간 국내 고고학계의 핵심 연구
주제 가운데 하나였다. 그러나 오랜 기간 집중적인 연구가 이루어졌음
에도 불구하고 이 문화의 소멸 이유에 대해서는 학자들의 의견이 여럿
으로 나뉜다(이희진 2016; 이창희 2017). 우리나라뿐 아니라 전 세계적
으로도 생산성이 높았던 농경 기반의 문화가 후대로 이어지지 않고 갑
자기 사라진 경우는 흔치 않았기 때문에 그 당시 상황에 대한 궁금증
이 배가되고 있다.

　　최근 광양과 밀양에서 홀로세 전체의 기후변화를 보여주는 연구
결과가 보고되었다(Park et al. 2019; Park et al. 2021)(그림 2-1). 우리
나라에서 홀로세 전 기간의 식생과 기후변화를 보여주는 자료는 지금
까지 극히 드물었으므로 그 자체만으로도 의미가 있는데, 자료상에서
한반도 과거 사회의 성쇠와 기후변화 간의 관계도 드러나고 있어 여
러 가지로 논의할 가치가 크다고 생각한다. 이 논문에서는 두 지역에
대한 연구 결과가 갖는 함의를 요약 설명하고 기후변화가 우리나라의
선사·고대 사회, 특히 송국리형 문화에 어떠한 영향을 미쳤는지 논
해보고자 한다. 이를 위해 최근에 보고된 중국 북동부 지역의 자료도
함께 살펴볼 것이다. 본격적인 논의에 들어가기에 앞서 과거 기후변
화에 따른 전 세계의 사회변동 사례부터 알아보도록 하자(그림 2-2,
사진 2-1). 한반도의 송국리 사례를 이해하는 데 도움이 될 것이다.

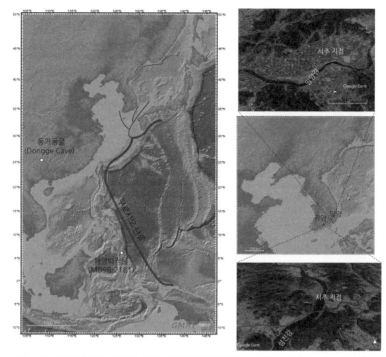

그림 2-1. 광양과 밀양의 퇴적물 샘플 확보 지점과 중국 동거 동굴의 위치, 필리핀 민다나오섬
인근의 해저퇴적물(MD98-2181) 시추 지점

출처: Park et al.(2019); Park et al.(2021).

II. 홀로세 후기의 기후변화가 가져온 전 세계의 사회변동 사례

전 세계에서 최초로 농경이 시작되었던 서남아시아에서는 4.2ka부터
강수량이 급격하게 감소하여 레반트, 아나톨리아, 메소포타미아, 이
란 등 대부분 지역에서 관개농업이 큰 타격을 받았다. 그중 일부는 강
수량이 이전 시기의 절반에 머물 정도로 혹독한 가뭄을 겪었다(Weiss
2015). 당시의 강수량 감소로 터키 남서부, 시리아 서부, 북부 메소포
타미아의 많은 농경민들은 농지를 버리고 강 주변에서 임시로 머물 수

있는 곳을 찾아 끊임없이 움직여야 했다.

메소포타미아에서 수메르의 여러 도시 국가들이 난립하여 경쟁하던 4.3ka에 메소포타미아 중부에 아카드라 불리는 도시국가가 돌연 출현했다. 아카드를 건국한 왕의 이름은 사르곤(Sargon)으로, 그와 후계자들은 단 100여 년 만에 메소포타미아 전역을 정복하고 세계 최초의 제국을 세우게 된다. 역사가들은 사르곤을 전 세계에서 다민족 중앙 집권 국가를 수립한 최초의 인물로 평가한다.

그러나 막강한 군사력을 등에 업고 오랜 기간 번영을 구가할 것만 같았던 아카드 제국은 겨우 수십 년의 짧은 전성기를 누리고 알 수 없는 이유로 갑자기 사라졌다. 광범위하게 위세를 떨치던 제국이 빠르게 소멸한 이유를 둘러싸고 다양한 가설들이 제시되었지만, 모두를 만족시키는 답을 찾기란 쉽지 않았다. 최근 고해상의 고기후 복원 자료들이 연이어 보고되면서 제국의 몰락에 대한 궁금증이 일부 해소되는 모습이다. 인류 역사상 최초의 제국이었던 아카드 왕국 또한 갑작스럽게 도래한 대규모 가뭄을 극복하기는 쉽지 않았던 것으로 보인다.

북부 메소포타미아에는 계절에 따라 유프라테스강 중류의 양편을 오가며 양을 키우던 아모리인(Amorite)이 살고 있었다. 그런데 가뭄으로 목축이 가능한 지역이 줄어들자 이들은 유프라테스강의 하류 쪽으로 대대적인 이동을 하기 시작했다. 이에 남쪽의 아카드 왕조는 아모리인의 유입을 막기 위해 거대한 장벽을 건설하고 이민족의 정착을 막았다. 그러나 이러한 방해를 극복하고 아카드 사회로 진입하는 데 성공한 아모리인들이 있었고, 그들이 아카드 왕조를 전복하는 데 필요한 정치·군사 세력을 갖추기까지 필요한 시간은 단 한 세대면 충분했다. 아카드 왕조를 무너뜨린 아모리인들은 이후 나타난 우르(Ur) 제3왕조까지 평정하고 메소포타미아 전역의 패권을 장악한 바빌론(Babylon)을 세우게 된다. 일부 학자들은 아카드 제국에 충격을 가한 대가 뭄의 존재를 인정하면서도 대가뭄이 자연적인 기후변화가 아닌 인구 의 급격한 증가나 도시 확장과 같은 인위적 요인에서 비롯되었다고 주 장한다. 그러나 대다수는 인구 증가가 아닌 기후변화가 아카드 제국을 몰락시킨 일차적 원인이었다는 견해에 공감하고 있다(Weiss 2016).

거대한 피라미드로 유명한 이집트 나일강 유역의 고왕국(Old Kingdom) 또한 4.2ka의 대가뭄으로 큰 피해를 본 과거 문명 중 하나 이다. 제4왕조(4.6~4.5ka)에서 전성기를 누렸던 이집트의 고왕국은 제6왕조(4.3~4.1ka)에 접어들면서 혼란기에 빠져들었다. 귀족들의 발호로 파라오는 점차 힘을 잃어갔으며, 지방 토호들은 저마다 세력을 다지면서 파라오의 권위에 도전하기 시작했다. 90년이 넘게 통치했음 에도 불구하고 제6왕조의 페피 2세(Pepi II)는 정치적 위기 상황을 전 혀 해소하지 못한 채 사망했다. 복잡했던 후계자 구도는 심각한 권력 다툼으로 이어질 수밖에 없었다. 페피 2세가 죽고 얼마 지나지 않아 나라 전체는 내란에 휩싸였으며 민중의 불만은 최고조에 달했다. 허물 어져가던 고왕국에 마침표를 찍은 것은 4.2ka의 대가뭄이었다(Bern- hardt et al. 2012). 가뭄으로 나일강의 수위가 낮아지면서 범람 횟수는 감소했고 농사에 필요한 물은 부족해졌다. 농경민들은 심각한 기근에 시달렸고 찬란했던 고왕국은 무너졌다. 이후 이집트는 100년 넘게 암 흑기를 겪게 된다.

4.2ka의 기후변화는 이집트의 동쪽에 있는 인더스 계곡 문명 (Indus Valley Civilization)에도 치명적이었다(Dixit et al. 2014). 당시 의 이례적인 가뭄으로 인더스강의 유로가 바뀔 정도였으며 하천 수위 는 눈에 띄게 낮아졌다. 강 유역의 작물 생산량은 심하게 감소할 수밖 에 없었다. 가뭄으로 인해 생산성이 하락한데다 마찬가지로 동시대

에 가뭄으로 어려움을 겪던 메소포타미아 지역과의 교역마저 원활하게 이루어지지 않으면서 어려움은 배가되었다. 그 결과 모헨조다로(Mohenjo-daro)나 하라파(Harappa)와 같은 대도시들조차 버려졌다(Giosan et al. 2012).

중국의 고대 사회들 또한 같은 시기의 기후변화를 피할 수 없었다. 양쯔강 하류의 양주 문화나 산동반도의 용산 문화는 모두 4.2ka의 대규모 홍수로 큰 피해를 보았다. 장기 가뭄과 대형 홍수는 동전의 양면과 같다. 가뭄으로 식생의 밀도가 감소하면 홍수의 강도는 커지게 마련이다. 1,000년간 유지되었던 양주 문화가 양쯔강의 홍수로 사라졌으며, 황하의 홍수로 산동반도를 포함한 황하 유역의 인구가 급감했다(Liu and Feng 2012). 다수의 조몬인들이 1,500년 이상 거주했던 일본의 산나이마루야마 지역 또한 4.2ka에 별다른 이유 없이 버려졌는데, 북반구의 다른 지역들과 마찬가지로 기후변화가 그 원인으로 추정된다(Kawahata et al. 2009).

그림 2-2. 과거 기후변화에 의한 전 세계 사회변동 사례 지역
A: 메소포타미아의 아카드 제국, B: 이집트 고왕국, C: 인더스 계곡 문명, D: 양쯔강의 양주 문화와 산동반도의 용산 문화, E: 동지중해의 청동기 문명, F: 멕시코의 테오티우아칸 문명, G: 유카탄반도의 마야 문명, H: 안데스의 티와나쿠 문명, I: 인도차이나의 앙코르 문명, J: 차코 캐니언의 아나사지 문명, K: 그린란드의 바이킹 사회

서남아시아와 동지중해 지역에서는 4.2ka에서 1,000년이 흐른 3.2ka에도 큰 가뭄이 들었던 것으로 보인다. 그리스 남부 필로스만과 팔레스타인 가자 지구 사이에 존재했던 많은 도시가 갑자기 파괴되고 버려졌다. 지중해 연안 지역의 청동기 후기를 상징했던 거대한 궁들은 가뭄을 겪은 후 고립되고 낙후된 마을들로 대체되었다. 에게해와 동지중해 연안에 산재해 있던 서남아시아 청동기 문명이 3,200년 전 미스터리하게 소멸한 사건은 오랫동안 풀지 못한 지중해 고고학계의 수수께끼였다. 주로 지진, 해적, 민란 등이 당시 청동기 문명의 쇠락을 불러온 원인으로 간주되었으나, 최근 들어 고해상의 기후변화 프록시 자료가 다수 보고되면서 기후변화 또한 유력한 가설 가운데 하나로 대두되고 있다. 기후변화 가설을 옹호하는 측은 300년간 이어진 긴 대가뭄으로 기근이 발생하고 이주가 빈번해지면서 정치적·경제적 불안이 증폭되었고 그 결과 도시사회들이 몰락했다고 주장한다(Kaniewski and Van Campo 2017). 무척 건조한 편인 지중해 연안 지역의 농업 생산량은 지금도 기후변화에 민감하게 반응하곤 한다. 과거에는 아마도 그 정도가 더욱 심했을 것이다. 쇠락의 원인은 여러 가지였겠지만 동지중해의 청동기 시대에 종말을 고하고 철기 시대의 도래를 부추긴 주된 원인으로 대가뭄이 자주 언급되는 데에는 이유가 있다.

멕시코 고산 지대, 지금의 멕시코시티에서 멀지 않은 곳에 '테오티우아칸(Teotihuacan)'이라 불리며 오랫동안 번영을 누리던 왕조가 존재했다. 테오티우아칸은 전성기의 인구가 10만 명을 넘을 정도로 아즈텍(Aztec) 왕조 이전에 메조아메리카 지역에서 가장 컸던 도시 문명이었다. 그런데 이 거대했던 도시가 1.3ka경에 빠르게 사라졌다. 지금까지는 내부 민란이 멸망의 원인으로 자주 언급되었지만, 민란이 발생했던 근본 원인이 대가뭄이었다는 주장이 최근 들어 힘을 얻고 있다

(Lachniet et al. 2012 ; Park et al. 2019). 반건조지역인 멕시코 고지대는 생태적으로 불안정한 곳이다. 이곳에 많은 사람들이 거주했기 때문에 약간의 환경 변화에도 사회는 취약해질 수밖에 없었다. 기후가 건조해지는 경향을 띠자 걷잡을 수 없이 무너지기 시작했다.

2.2ka경에 출현하여 수백 년간 아메리카 대륙을 호령하던 거대 문명은 1.5ka부터 나타난 기후변화에 차츰 흔들리기 시작했다. 특히 AD 535~536년에 발생했던 아이슬란드의 화산 폭발은 대서양 반대편에 있는 먼 이곳까지 뚜렷한 변화를 몰고 왔다. 수많은 사람들이 가뭄에 따른 기근으로 굶어 죽었다. 이는 당시 유년기 아이들의 뼈 상태를 통해서도 입증된다. 기근은 곧 전쟁과 내란으로 이어졌고 주변의 다른 도시들(촐룰라, 소치칼코, 카카슈틀라 등)은 테오티우아칸의 어려운 정세를 틈타 지역에서 주도권을 쟁취하기 위해 경쟁했다. 주변 도시들의 발호로 정치적인 힘마저 상실한 테오티우아칸은 결국 무너지게 된다. 학자들은 오랫동안 테오티우아칸의 멸망이 1.3ka에 발발한 전쟁과 관련이 있다고 생각했다. 최근에는 전쟁보다는 민란에 초점을 맞추는 경향이 우세하다. 파괴의 흔적이 지배계층의 거주지나 그들을 상징하는 구조물에 국한되어 나타나고 있기 때문이다. 그러나 전쟁이든 민란이든 최초의 시작은 기근을 일으킨 기후변화, 즉 가뭄이었을 가능성이 커 보인다.

크리스토퍼 콜럼버스(Christopher Columbus)가 발견하기 이전에 아메리카 대륙의 문화를 선도했던 세 문명[아즈텍, 잉카(Inca), 마야] 가운데 사람들로부터 가장 많은 관심을 받은 문명을 꼽으라면 마야일 것이다. 이는 전적으로 마야의 불가사의한 멸망과 관계가 있다. 대략 3,000년 전 멕시코의 유카탄반도에 나타난 마야 문명은 AD 250년 이후부터 전성기를 누리다가 AD 750년에서 900년 사이에 급격하게 쇠락했다고 알려져 있다. 마야인들은 수백 년에 걸쳐 고도로 발달한 과학 기술과 문화를 향유했음에도 치명적인 사회변동을 막을 수 없었다. 마야 문명의 쇠퇴는 한 가지 요인에 기인했다기보다는 내전, 인구 증가, 낙후된 정치, 테오티우아칸의 쇠락에 따른 무역 쇠퇴, 환경 파괴, 가뭄 등 여러 사회·환경 문제들이 동시에 혹은 연이어 나타난 결과였다.

자연과학자들과 일부 고고학자들은 퇴적물이나 석순의 산소동위원소 분석 결과를 근거로 위의 여러 요인 가운데에서도 특히 가뭄이 결정적인 역할을 했다고 주장한다. 인구 증가와 환경 훼손의 여파로 AD 600년에서 800년 사이에 마야의 도시 간 전쟁이 폭증했는데, 학자들은 이때 대가뭄이 강한 불쏘시개 역할을 하면서 동반 몰락을 부추겼을 가능성이 크다고 본다(Hodell et al. 1995; Medina-Elizalde and Rohling 2012). 마야 문명이 갖는 신비로움 때문인지 마야는 매우 흥미로운 연구 대상으로 간주되었고 학자들 사이에서 오랜 기간 높은 인기를 누렸다. 특히 자연과학자들을 중심으로 기후변화가 마야 문명에 미친 영향을 찾는 연구들이 끊임없이 발표되었다. 그 결과 마야는 기후변화의 파괴력을 논할 때 자주 찾는 사례가 되었다.

티와나쿠(Tiwanaku) 문명은 잉카 제국 이전 볼리비아 티티카카 호수 인근을 지배했던 안데스의 왕조로, AD 200년경에 나타나 AD 600년에서 800년 사이에 전성기를 누렸다. 해발고도 3,850m의 고지대에 있는 도시 티와나쿠를 중심으로 선진 농경 기술과 종교 문화를 자랑하던 남미의 대표적인 문명이었다. 티와나쿠 문명 또한 갑작스럽게 소멸했기 때문에 여러 학자의 관심을 끌어왔다. 최근 안데스 산지의 빙하 연구 결과를 토대로 장주기 엘니뇨 남방진동(El Niño Southern Oscillation: ENSO) 변동에 의해 AD 1100년경에 나타난 대가뭄이 티와나쿠 문명의 멸망 원인이라는 가설이 제시되었다. 즉, 당시 강력

사진 2-1. 과거 기후변화에 의한 전 세계 사회변동 사례 유적지

A: 이집트 고왕국, 제4왕조 기자의 대피라미드(Great Pyramid of Giza)

B: 인더스 계곡 문명, 모헨조다로 시가지

C: 멕시코의 테오티우아칸 문명, 태양의 피라미드

D: 유카탄반도의 마야 문명, 치첸이트사(Chichen-Itza)의 피라미드 엘 카스티요(El Castillo)

E: 안데스의 티와나쿠 문명, 태양의 문

F: 인도차이나의 앙코르 문명, 앙코르 와트(Angkor Wat) 전경

G: 차코 캐니언의 아나사지 문명, 메사버드(Mesa Verde)의 벼랑 거주지(Cliff Palace)

H: 그린란드의 바이킹 사회, 버려진 교회 건물

한 엘니뇨의 출현으로 티와나쿠 문명이 위치한 안데스 고지대에 건조한 기후가 도래했고 그 결과 농업 생산량이 하락하여 문명의 멸망으로 이어졌다는 주장이다(Ortloff and Kolata 1993).

앙코르[Ankcor, 크메르(Khmer)] 왕국은 AD 1200년대 초반까지 정교하면서도 거대한 수리시설을 기반으로 전성기를 누리던 인도차이나반도의 강력한 고대 국가였다. 그러나 AD 1300년에서 1450년 사이에 번갈아 발생한 대가뭄과 홍수는 당시 인도차이나반도 대부분을 차지할 정도로 강대국이었던 앙코르 왕국의 정치·경제 체제를 뿌리째 흔들었다. 태평양의 엘니뇨가 강화되면서 나타난 장기 가뭄은 도시의 용수 공급에 차질을 가져왔고 간간이 발생한 대형 홍수는 사회의 중요한 기반시설이었던 수로를 파괴했다(Buckley et al. 2010). 앙코르는 한때 신의 도시로 불릴 정도로 주변에 위세를 떨쳤으나 기후변화로 인한 피해가 누적되었고 AD 1400년대 중반 타이 침략자들과의 전쟁이 반복되면서 결국 무너지고 만다.

미국 남서부 애리조나주, 콜로라도주, 유타주, 뉴멕시코주 등 4개 주의 접경지역인 차코 캐니언(Chaco Canyon)에서 3.5ka부터 나타난 아나사지(Anasazi) 문명 또한 수수께끼 같은 종말로 우리에게 잘 알려져 있다. 아나사지 문명은 생태적으로 취약한 건조지대에 있었음에도 AD 1000년경부터 기후가 비교적 습윤해짐에 따라 사회문화적으로 번영을 구가할 수 있었다. 당시 차코 캐니언에 거주하던 사람들 수만 해도 수천 명에 달했다. 그러나 AD 1200년대 후반부터 이어진 대가뭄은 이들을 뿔뿔이 흩뜨렸고, 집을 버리고 남쪽으로 이동한 대다수의 아나사지인들은 원래 살던 곳으로 끝내 되돌아오지 못했다(Benson et al. 2007).

마지막으로 살펴볼 사례는 AD 1300년경부터 시작된 소빙기로 급격하게 쇠락한 그린란드 남부 해안의 바이킹 사회이다. 바이킹들이 처음 그린란드 서남부에 발을 내디딘 시기는 대략 10세기 후반이었다. 그린란드에서 바이킹들이 모두 사라진 때가 15세기이니 대략 400~500년 정도 그곳에서 거주한 셈이다. 그린란드의 기온이 최고점을 찍은 AD 1100년경에 바이킹은 그린란드 서남부에 본격적으로 정착하기 시작했다. 그린란드의 바이킹 인구는 절정기 때 3,000명에 달했다. 기온이 높아진 지역은 그린란드뿐만이 아니었다. 그린란드 기온이 최고치를 기록한 이후 100년에서 200년 사이는 유럽 전역에서 전례 없이 따뜻한 기후를 경험했던 시기였다. 노르웨이에서 밀을 재배했으며 아이슬란드에서 귀리와 보리를 재배했다. 위도상 포도를 재배하기가 어려운 스코틀랜드에서는 포도주를 제조하기도 했다.

12세기 중반까지 그린란드 서남부에는 280여 개의 농장에 3,000명 이상의 사람들이 모여 살고 있었다. 주민들의 수만 보면 자연환경의 제약을 극복하고 지속 가능한 삶을 누리고 있었을 것으로 생각하기 쉽지만 그렇지는 않았다. 수십 년 전부터 조금씩 차가워지고 있는 기후 탓에 농경이 어려워지면서 매해 궁핍한 생활을 견뎌내야 했다. 기온이 하강하면서 하나둘씩 늘어가는 빙산은 그들에게 또 다른 걱정거리였다. 바다 위 빙산의 수가 증가하면서 그린란드를 오가는 선박의 수가 크게 줄었기 때문이다. 북유럽의 상인들 처지에서는 빙산을 피해 남쪽으로 우회하는 운항 방안도 있었지만 경제적이지 않았고 무엇보다도 빙산과 충돌할 위험성을 고려하지 않을 수 없었다. 작물 생산량이 감소하고 대륙에서 부족한 식량을 조달하기도 어려워지다 보니 주민들의 영양 상태는 눈에 띄게 나빠졌다(Fagan 2000).

당시 주민들은 먹거리가 부족해서 사회 자체가 소멸해가는 와중에도 비교적 손쉬운 어로 행위에 눈길을 돌리기보다는 어려운 농경과 목축에만 매달렸다. 결국 이러한 정착 생활에 대한 집착은 심각한 영양실조로 이어졌다. 정착 초기에 그린란드 주민들의 키는 평균 170cm 이상이었으나 AD 1400년대에는 152cm에도 못 미쳤을 정도였다 (Lamb 2013). 수백 년간 탄탄한 사회를 유지하던 그린란드의 바이킹들은 소빙기에 들어서 시작된 기온 하강에 속수무책이었다.

　이처럼 세계 여러 지역에서 기후변화, 특히 가뭄에 의해 과거 문명이 쇠락하는 일이 홀로세 후기에 빈번하게 나타났다. 동아시아도 예외는 아니었다. 전 세계에서 기후변화가 과거 문명에 큰 파장을 몰고 왔던 그 시기에 한반도의 상황은 어떠했을까?

III. 광양 범람원 퇴적물의 화분 분석 결과와 고기후적 함의

현재 홀로세 전체의 기후변화를 보여주는 국내 고기후 자료는 많지 않다. 연대가 엄밀하게 측정된 고해상의 자료는 특히 부족하다. 그 결과 서구와 중국의 홀로세 기후 복원 결과에 과거 한반도에서 발생했던 생태계(혹은 인간 사회) 변동을 짜 맞추려 하는 비과학적인 시도가 오랫동안 성행했다. 그러나 최근 광양에서 보고된 고해상도의 화분 분석 결과는 한반도의 홀로세 기후변화를 정확하면서도 자세하게 보여준다. 더는 한반도에 맞지 않는 중국의 고기후 자료를 인용할 필요가 없게 되었다는 점에서 의의가 적지 않다.

　광양의 고환경 자료는 전라남도 광양시 진월면의 섬진강 범람원 (35°00′20″N, 127°46′41″E)에서 시추한 총 길이 32m의 퇴적물에 탄소연대측정, 입도 분석, 화분 분석, 유기물 분석 등을 수행하여 얻은 결과이다(Park et al. 2019). 이 가운데 화분 자료, 특히 수목화분 비율

(Arboreal Pollen : AP)이 한반도의 홀로세 기후변화를 자세하게 보여준다(그림 2-3). 무엇보다 홀로세 기후 최적기(Holocene Climatic Optimum)[1]의 시작과 끝이 뚜렷하게 드러난다. 한반도의 홀로세 기후 최적기에 대해서는 지금까지 여러 논문에서 다루어진 바 있지만 연대

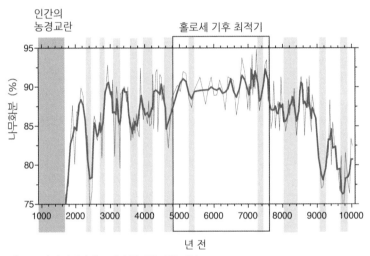

그림 2-3. 광양 지역의 홀로세 수목화분 비율 변화

홀로세 기후 최적기가 7.6ka에서 시작하여 4.8ka에 끝났음을 알 수 있다. 홀로세 기후 최적기 이후에는 대략 500년 간격으로 한반도에 단기 한랭기(그래프 내의 막대)가 도래했다. 연구 지역에서 농경에 의한 교란은 대략 1.7ka부터 시작되었다.

출처: Park et al.(2019).

1   홀로세 기후 최적기는 전체적으로 온난습윤했던 홀로세 기간 중에서도 기온이 좀 더 높았던 시기로, 대체로 홀로세 초·중기에 해당한다. 특별한 기후변화 없이 온난한 상태가 오랜 기간 유지되었기 때문에 동식물의 진화와 생장에 유리했던 시기였다. 지금보다 따뜻했던 홀로세 기후 최적기에 대한 정보는 미래의 지구온난화와 그에 따른 환경 변화를 예측하는 모델을 구축하는 데 활용될 수 있어 그 가치가 크다. 북반구에서는 보통 9,000~5,000년 전을 최적기로 보며 지속 기간이나 변화 경향에 지역별 편차가 존재한다. 홀로세 기후 최적기를 최종 빙기 이후 가장 기온이 높았던 시기로 간단하게 정의를 내리기도 하지만, 최적기라는 단어 자체에는 동식물의 생장에 이로웠던 시기라는 뜻이 내포되어 있다. 따라서 지표면의 식생과 결부시켜 온난습윤한 상황이 한동안 지속하여 북반구의 삼림 면적과 밀도가 늘어난 시기를 뜻할 때가 많다.

의 부정확성과 고해상 자료의 부족으로 그 시기가 명확하게 규정된 적
은 없었다(Nahm et al. 2013). 한반도 내의 국지적인 차이가 그리 크지
않았을 것이라고 가정할 때, 이 연구 결과는 남한 지역의 홀로세 기후
최적기가 7.6ka에서 4.8ka 사이에 존재했다는 것을 시사한다.

　광양의 연구 결과는 홀로세 기후 최적기뿐 아니라 홀로세 중에
주기적으로 나타났던 단기 한랭기들에 대한 정보도 제공한다. 〈그림
2-3〉의 수목화분 비율 그래프는 전 세계적으로 널리 알려진 단기 한
랭기들을 거의 대부분 보여주고 있다. 그래프의 홀로세 전반부에서
는 9.8ka(Zhao et al. 2010; Paus et al. 2019), 9.2ka(Fleitmann et al.
2008), 8.2ka(Alley et al. 1997; Cheng et al. 2009), 7.3ka(Herzschuh
et al. 2006), 5.3ka(Magny and Haas 2004) 등 대략 1,000년 주기의
단기 한랭기들이 확인된다. 한편 후반부에서는 4.7ka(Wanner et al.
2011), 4.2ka(DeMenocal 2001; Dixit et al. 2014; Nakamura et al.
2016), 3.7ka(Schweinsberg et al. 2017), 3.2ka(Kaniewski and Van
Campo 2017), 2.8ka(Plunkett and Swindles 2008; Sinha et al. 2018;
Tan et al. 2018), 2.4ka(Svendsen and Mangerud 1997; Harning et al.
2018) 등 대략 500년 간격의 단기 한랭기들이 뚜렷이 보인다.

　홀로세 초기에 나타난 단기 한랭기의 경우, 학자들은 북대서양
으로 유입된 융빙수에 의해 대서양 자오선 역전순환(Atlantic Meridi-
onal Overturning Circulation)이 교란되면서 발생한 것으로 이해한다.
8.2ka 이벤트는 대표적인 사례로, 당시 아가시즈(Agassiz) 빙하호에
서 흘러나온 담수가 촉발했다. 한편 북대서양의 빙하가 모두 녹고 난
후에 발생한 홀로세 중·후기의 단기 한랭기들의 원인은 아직 명확하
게 밝혀지지 않은 상태이다(Wanner et al. 2011). 단, 최근 들어 적도
태평양의 해수면 온도 변화가 중요한 역할을 했을 것으로 추정하는 학

자들이 늘고 있다(MacDonald et al. 2016; Toth and Aronson 2019). 홀로세 중기 이후에 나타난 단기 한랭기들 가운데 4.2ka 이벤트는 전 세계 여러 곳에서 발생했던 고대 문명들의 멸망 원인으로 주목받으며 가장 널리 알려졌다(Weiss 2016). 한편 홀로세 후기, 특히 지난 2,000년 동안 나타났던 단기 한랭기들은 주로 태양 흑점수의 감소와 화산 폭발 의 증가에서 비롯된 것으로 추정된다(Wanner et al. 2015).

　홀로세 전 시기에 걸쳐 광양의 수목화분 비율이 변화하는 양상은 적도 서태평양의 해수면 온도가 변화하는 모습과 상당히 유사하다. 〈그 림 2-4〉에서 보듯이 적도 서태평양에서 해수면 온도가 떨어지는 시기 는 거의 대부분 광양의 수목화분 비율이 낮을 때이다. 이전 연구에 따 르면, 적도 서태평양의 해수면 온도가 내려갈 때, 즉 장기적으로 엘 니뇨 조건일 때 한반도의 홀로세 기후는 대체로 건조했다[2](Park et al.

2　적도 태평양의 해수면 온도 변화는 소위 엘니뇨 남방진동(ENSO)이라 불리는 해양과 대 기의 대순환과 관련이 있다. 엘니뇨는 무역풍이 약해지면서 적도 서태평양에 모여 있던 따뜻한 물이 중태평양과 동태평양 쪽으로 이동하는 현상이다. 그 결과 적도 서태평양의 해수면 온도가 평소보다 낮아지고 동태평양 온도는 높아지면서 적도 태평양 주변의 여 러 지역에서 예기치 못한 기상 이변이 발생한다. 엘니뇨는 스페인어로 어린아이 혹은 아 기 예수라는 의미로 대략 2~7년 주기로 도래한다. 보통 예수의 탄생일인 12월 25일 즈 음해서 이 현상이 나타나기 때문에 엘니뇨로 불리게 되었다. 엘니뇨가 적도 태평양의 해 수면 온도 변화를 지시한다면 ENSO는 바다 위의 기압 배치 변화를 지시한다. 즉, 엘니 뇨 시기에는 평소와 달리 적도 동태평양의 따뜻해진 바닷물 위로 저기압이 자리 잡고 해 수면 온도가 낮아진 서태평양 위로는 고기압이 자리한다. 엘니뇨와 반대의 상황인 라니 냐 시기에는 적도 동태평양에 평소보다 강한 고기압이, 서태평양에는 강한 저기압이 위 치한다. 이처럼 적도 태평양의 해수면 온도와 바다 위 대기의 기압은 서로 연동되어 변 화한다. 현재의 엘니뇨가 실생활에 직결되는 이상기후를 일으키는 것은 사실이지만 고 기후학적인 중요성은 그리 크지 않다. 엘니뇨와 같이 짧고 불규칙한 주기의 해수면 온도 변화를 복원하는 것은 정확성을 담보하기 어려워 미래 기후를 예측하려 할 때 큰 도움이 되지 못하기 때문이다. 오히려 정밀하게 복원된 장주기(10~1,000년 주기)의 해수면 온 도 변화가 과거 기후변화의 메커니즘을 밝히고 미래의 변화를 보여주는 핵심 단서가 될 수 있다. 적도 서태평양의 장기적 온도 변화는 특히 우리나라를 포함한 동북아시아 해안 지역의 홀로세 기후에 큰 영향을 미쳤다. 현재 ENSO가 한반도의 기후에 어떠한 식으로

2016; Park 2017). 저위도 서태평양의 해수면 온도가 떨어지면 이곳에
서 하계 몬순을 통해 한반도로 전달되는 수증기의 양이 줄어들기 때문

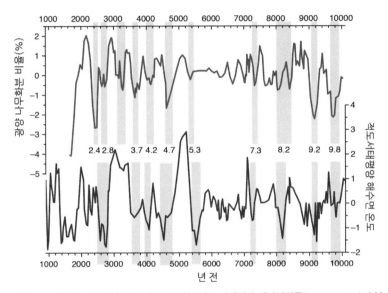

그림 2-4. 광양의 수목화분 비율 자료(위)와 저위도 서태평양 해저퇴적물(MD98-2181)의 분
석 결과로부터 얻은 과거 해수면 온도 복원 자료(아래)
두 자료 모두 평탄화(smoothing) 작업을 거친 후 장기 추세를 제거(detrending)하고 정규화(nor-
malizing)한 결과이다. 광양의 수목화분 비율이 감소했던 시기에 저위도 서태평양의 해수면 온도 또
한 떨어졌음을 알 수 있다. 그래프 내의 막대와 숫자는 홀로세 동안 한반도에서 단기 한랭화가 일어
났던 시기를 지시한다.
출처: Park et al.(2019).

영향을 미치는지는 여전히 불투명하지만, 다음과 같이 일반적인 추정은 가능하다. 서태
평양의 저위도 지역에서 해수면 온도가 낮아지면 수증기의 생성이 저해됨에 따라 여름
철 몬순에 의해 북쪽으로 전달되는 수증기의 양이 줄어든다. 또한 필리핀 동쪽 해상에서
발원하는 열대성 저기압(태풍)의 발생 빈도가 감소하고 그 세력이 약해진다. 따라서 여
름철에 열대성 저기압의 영향을 많이 받는 중국의 동해안과 한반도 남부 등에서는 하계
강수량이 감소한다. 이와 반대로 적도 서태평양의 해수면 온도가 높아지면 동북아시아
에 태풍이 자주 도래하면서 한반도는 상대적으로 습윤해진다. 과거 장주기의 ENSO 변
화로 한반도가 겪었던 기후변화 또한 이와 유사했을 것으로 추정된다.

이다. 강수량의 감소는 수목의 생장에 불리하게 작용했을 것이다. 광양의 수목화분 자료와 적도 서태평양의 해수면 온도 자료 간에 보이는 유사성은 한반도의 홀로세 기후가 적도 서태평양의 상태에 민감하게 반응했다는 사실을 지시한다.

IV. 밀양 범람원 퇴적물의 분석 결과와 고기후적 함의

앞에서 설명한 광양 퇴적물 분석 자료는 국내에서는 처음으로 홀로세의 단기 한랭기와 기후 최적기를 뚜렷하게 보여준 연구 결과였다. 그러나 바다에서 가까운 범람원에서 시추한 퇴적물이라 해수면 상승의 영향을 많이 받아 시기별로 퇴적률의 편차가 매우 큰 편이었다. 그 결과 깊이-연대 모델을 구축하는 과정에서 내삽을 통해 산출되는 깊이별 연대의 정확도를 100% 확신할 수 없다는 문제가 존재했다. 반면 두 번째로 소개할 밀양 퇴적물 연구에서는 바다에서 상대적으로 멀리 떨어진 범람원에서 시추한 퇴적물을 대상으로 분석을 수행했고 시료의 퇴적률이 비교적 일정했으므로 이론적으로는 더욱 신뢰할 만한 깊이-연대 모델을 얻을 수 있었다.

　　퇴적물 코어는 경상남도 밀양시 상남면 연금리의 밀양강 범람원(35°26′19″N, 128°46′41″E)에서 확보했다. 20m 길이의 퇴적물에 입도분석, X선 형광(X-ray Fluorescence: XRF) 분석, 화분 분석 등을 수행했으며, 분석 결과를 토대로 과거 기후와 환경 변화를 복원했다. 방사성 탄소연대치 8개와 OSL 연대치 8개를 내삽하여 깊이별 연대를 추정했다. 광양 퇴적물의 경우 홀로세 기후 최적기 구간에서 퇴적률이 감소한 탓에 고해상의 결과를 도출하는 데 일부 한계가 있었다. 반면 밀양 퇴적물은 퇴적률의 변화가 적어 연대의 오류 가능성이 상대적으로 작은데다 XRF 코어 스캐너를 이용하여 초고해상의 지화학 자료를 생산함으로써 정확하면서도 세밀한 연구 결과를 확보할 수 있었다. 이 자료에서는 홀로세 기후 최적기가 약 7.1ka에서 4.8ka 사이에 존재했던 것으로 나타나는데, 광양의 연구 결과와 비교할 때 최적기의 종결 시점이 정확히 일치하고 있다는 것을 알 수 있다.

밀양 퇴적물 분석 결과를 보면 홀로세 중·후기에 걸쳐 수목화분 비율, Ti(Titanium) 수치, 모래 비율 등 여러 프록시 자료가 모두 비슷한 경향을 띠며 변화하고 있다는 것을 알 수 있다(그림 2-5). Ti 값은 고환경 연구에서 보통 침식 지시자로 활용된다. 〈그림 2-5〉에서 수목화분 비율과 모래 비율이 높을 때 Ti 비율은 낮다. 이는 습윤했던 시기에 수목이 밀생했고(높은 수목화분 비율), 수목의 밀도가 증가하여 침식이 감소했으며(낮은 Ti 비율), 잦은 호우로 더 많은 모래가 퇴적물 시추 지점에 쌓였다는 것을 지시한다(높은 모래 비율). 이들 프록시 자료에 따르면, 8.2~7.6, 7.1~6.5, 6.0~4.8, 3.6~2.4ka가 전후 시기에 비해 상대적으로 습했던 반면 7.6~7.1, 6.5~6.0, 4.8~3.6ka에는 건조했다.

이러한 기후변화에는 광양 자료를 설명할 때에도 언급했듯이 저위도 서태평양의 해수면 온도가 큰 역할을 했던 것으로 보인다. 〈그림 2-5〉에서 보듯이 밀양의 수목화분 비율과 Ti 비율이 변화하는 모습은 인도네시아 및 오키나와의 해수면 온도 변화 경향과 유사하다. 적도 서태평양의 수온이 높았을 때는 많은 양의 수증기가 한반도로 공급되면서 습윤한 기후가 나타난 반면, 수온이 낮았을 때는 수증기의 공급량이 감소함에 따라 한반도에서 건조한 기후가 우세하게 나타났다. 적도 서태평양의 장기 온도 변화는 장주기의 ENSO 변화와 직결되므로

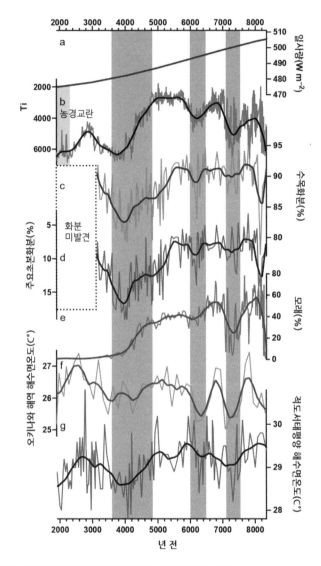

그림 2-5. 밀양 퇴적물 분석 결과와 과거 해수면 온도 자료 비교

a: 북반구(북위 30도)의 6월 일사량 변화. 밀양 퇴적물의 b: 침식 지시자인 Ti 양, c: 수목화분 비율, d: 쑥속 및 벼과 화분 비율 + 포자 비율, e: 모래 비율. f: 오키나와 해저퇴적물 분석 결과에 기반한 해수면 온도 복원 자료. g: 적도 서태평양 해저퇴적물(MD98-2176) 분석 결과에 기반한 해수면 온도 복원 자료.

출처: Park et al.(2021).

밀양 프록시 자료 또한 장주기 엘니뇨의 과거 변화 모습을 반영한다고
볼 수 있다.

V. 송국리형 문화와 기후변화, 그리고 야요이 문명

위의 두 지역에 대한 연구 결과에서 보듯이 한반도의 기후는 대략
4.8ka부터 건조해지기 시작했다. 이후 1,000년 이상 이러한 건조화
경향이 지속되었는데, 이는 적도 태평양의 상태 변화와 관련이 있는
것으로 추정된다. 적도 태평양의 과거 해수면 온도 복원 결과에 따르
면, 4.7ka부터 3.6ka까지 적도 서태평양의 해수면 온도는 그 전후 시
기에 비해 상대적으로 낮았다. 반면 적도 동태평양의 해수면 온도는
상대적으로 높았다(그림 2-6). 즉, 장주기의 엘니뇨 조건이 강하게 나
타났던 기간이라 할 수 있다. 장주기 엘니뇨는 한반도를 포함하는 동
북아시아의 해안 지역에 가뭄을 몰고 왔다. 장주기 엘니뇨가 특히 강
했던 시기는 4.2ka부터 3.9ka까지로, 이 기간은 북반구에서 동시다발
적으로 일어났던 대가뭄의 시기이기도 하다. 장주기 엘니뇨가 당시 한
반도의 건조한 기후를 야기했던 주원인이라고 단정 짓기에는 아직 근
거가 부족하다. 그러나 한반도의 가뭄과 적도 태평양의 해수면 온도
사이에 강한 기후원격상관(climate teleconnection)이 존재했던 것만
큼은 분명해 보인다(Park et al. 2019).

　당시의 가뭄은 한반도의 수렵채집 사회에 지대한 영향을 미쳤던
것으로 보인다. 수렵채집인들은 홀로세 중기, 대략 5.5ka부터 조나 기
장 같은 밭작물을 소규모로 재배하기 시작했다. 그러나 이 선사시대
사회에서 여전히 가장 중요했던 먹거리는 내륙에서는 도토리와 같은

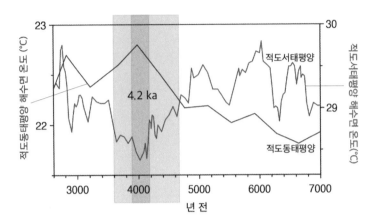

그림 2-6. 홀로세 중·후기 적도 서태평양과 동태평양의 해수면 온도 변화 복원 자료의 비교
4.7~3.6ka 사이에 적도 서태평양 해수면 온도와 동태평양 해수면 온도의 차이가 감소하는 것을 볼
수 있다. 이 시기에 적도 서태평양의 해수면 온도가 전반적으로 떨어지면서 한반도는 건조해졌다.
특히 4.2~3.9ka 사이에 적도 서태평양의 해수면 온도 감소 폭이 컸는데, 당시 북반구의 여러 지역
에 나타났던 대가뭄의 주된 원인으로 지목받고 있다.

출처: Stott et al.(2004); Koutavas et al.(2006).

나무 열매였고 해안가에서는 어패류였다. 건조해진 기후는 낙엽성 참
나무의 도토리 생산량을 크게 감소시켰다. 참나무의 생산성 하락은 한
반도의 꽃가루 분석 결과에서도 명확하게 드러난다. 건조한 기후는 도
토리뿐 아니라 꽃가루 생산량 또한 감소시키기 때문이다. 나무의 생
산성 감소는 야생동물 개체 수의 감소로도 이어졌을 것이다. 따라서
수렵채집민들은 사냥이나 채집 활동에 어려움을 겪었을 가능성이 크
다. 주변에 먹거리가 부족해지면 한곳에 머무는 시간이 길기 어렵다.
고고학 발굴지의 탄소연대 자료들을 분석한 연구에 따르면(Oh et al.
2017), 대략 6.0ka부터 증가하던 주거지(움집) 수는 4.8ka에 이르러
급격하게 감소했으며 이후 3.6ka까지 근 1,000년이 넘도록 지속적으
로 줄어들었다(그림 2-7). 당시 수렵채집민들은 충분한 먹거리를 확보
하기 위해 보다 자주 움직여야 했고 이러한 이동성의 강화가 주거지

수의 감소로 이어졌던 것으로 보인다.

홀로세 후기 한반도에서 갑작스러운 단기 가뭄이 4.2ka에만 나타났던 것은 아니다. 약 500년을 주기로 이와 유사한 기후변화가 나타났는데, 이미 앞에서 언급했듯이 대략 4.7, 4.2, 3.7, 3.2, 2.8, 2.4ka이다. 이 시기 하나하나가 모두 한반도의 환경사 측면에서 중요한 의

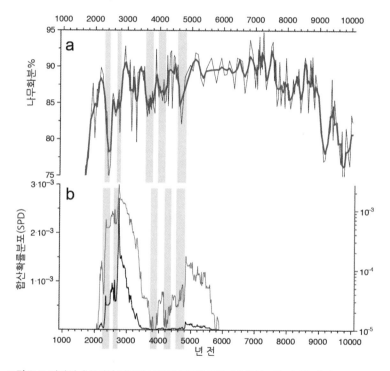

그림 2-7. 광양의 수목화분 비율과 남한의 고고학 발굴지에서 보고된 연대측정 자료(SPD) 간의 비교

고고학자들이 발굴 과정에서 움집이 있었던 구덩이를 발견하면 거주 연대를 추정하기 위해 보통 그곳에서 출토된 탄화목이나 탄화 종자의 탄소연대를 측정한다. 이러한 연대측정치들을 모두 모아 통합하면 과거의 주거지 수 변화를 연속적으로 보여주는 자료를 만들어낼 수 있다. 주거지 수는 대체로 인구수에 비례한다고 볼 수 있으므로, 이 자료는 과거 인구 변화의 프록시 자료로 자주 활용된다. 그래프에서 막대는 홀로세 후기 한반도의 단기 한랭화로 거주지 수와 인구수가 감소한 시기를 지시한다.

출처: Park et al.(2019).

미를 갖는다. 4.7ka의 가뭄은 한반도에서 홀로세 기후 최적기의 끝을 알리는 기후변화였다. 곧이어 앞에서 설명한 4.2ka 이벤트가 나타났고, 이후 3.7ka에도 4.2ka의 가뭄 못지않은, 오히려 더 강력했던 것으로 보이는 가뭄이 나타났다. 4.7ka부터 지속된 건조화 경향으로 위축되었던 한반도의 과거 사회는 3.5ka부터 기후가 양호해지고 거의 동시에 벼 농경이 본격적으로 시작되면서 급격한 인구 증가를 겪게 된다(그림 2-7). 이때의 벼 농경은 남중국에서 요동반도를 거쳐 한반도로 들어온 농경민이 주도했던 것으로 보인다. 최근의 유전자 연구 결과 한반도인이 고립되어 중국인과 유전적으로 달라지기 시작한 시기, 즉 중국에서 사람들이 한반도로 이주한 시기가 대략 3.6ka로 추정되었다(Kim et al. 2020).

벼 농경의 시작과 인구 증가는 2.8ka에 절정에 이르렀던 송국리형 문화와 깊은 관련이 있다. 송국리형 문화는 우리나라 선사시대의 대표적인 문명으로, 대략 3.0ka부터 집약적인 수도작을 기반으로 성장하여 충청 이남의 광범위한 지역에 영향을 미쳤다. 그러나 벼 농경에서 창출된 잉여생산물을 토대로 오랜 기간 번영을 구가할 것만 같았던 송국리형 문화는 대략 2.3ka에 빠르게 종적을 감추고 만다.

송국리형 문화의 미스터리한 소멸은 오랜 기간 국내 고고학계의 관심을 끌었던 연구 주제였다(이희진 2016). 특히 주목을 모았던 부분은 송국리형 문화가 사라진 이후 벼 농경이 크게 쇠퇴했다는 점이다. 수도작이 인구의 급증을 가져온 다음에 이와 같이 외면을 당한 사례는 송국리형 문화를 제외하면 한반도뿐 아니라 동아시아에서도 찾기 힘들다. 한반도에서는 원삼국 시대가 시작되기 전까지 일시적으로 벼 농경 대신 수렵과 채집이 다시 강화되는 독특한 모습이 나타났다. 이에 국내 고고학자들은 송국리형 문화의 전파와 소멸에 많은 관심을 두고 오랜 기간 논의를 지속해왔다. 하지만 아직도 이 문화가 단기간에 쇠락한 이유를 명확하게 제시하지 못하고 있다. 그런데 최근의 광양과 밀양에서 보고된 고기후 자료는 그 원인이 적도 서태평양의 해수면 온도 변화에 기인한 당시 한반도의 기후변화였을 가능성을 시사한다 (Park et al. 2019; Park et al. 2021)(그림 2-8).

2.8~2.7ka에 한반도의 기후는 갑자기 나빠졌다. 소위 2.8ka 이벤트라 불리는 갑작스러운 단기 가뭄이 발생한 것이다. 이 기후 이벤트는 지금까지 유럽의 학계에서 주로 보고되어 동북아시아 지역에서의 존재 여부를 알 수 없었으나, 광양의 화분 자료는 2.8ka 이벤트의 여파를 확실히 보여주고 있다. 이 시기에 퇴적된 전체 꽃가루 중에 나무 꽃가루의 비율이 현저하게 떨어지는데, 이는 가뭄으로 나무의 꽃가루 생산성이 심하게 감소했다는 것을 의미한다. 중국 동거(Dongge) 동굴의 석순 산소동위원소 자료(Wang et al. 2005)와 필리핀 민다나오섬 남쪽의 해저퇴적물(MD98-2181) 분석 결과를 토대로 복원된 과거 해수면 온도 자료(Stott et al. 2004)에서도 같은 시기에 뚜렷한 변화가 나타난다. 대략 2,800년 전 저위도 서태평양의 해수면 온도가 떨어지면서 중국 남부와 한반도로 전달되는 수증기의 양이 감소했던 것이다(그림 2-8).

흥미로운 사실은 이 시기에 한반도의 주거지 수도 큰 폭으로 줄어들었다는 것이다. 기후 악화로 작물 생산량이 급감하여 많은 사람들이 기아에 시달리다 사망했을 수 있다. 혹은 식량 문제를 타개하기 위해 수렵채집 활동을 재개했거나 벼 농경에 맞는 장소를 찾아 항시 이동함에 따라 주거지 수가 감소했을 수도 있다. 두 경우 모두 당시의 조악한 초기 벼 농경 기술을 고려할 때 충분히 상상해볼 만한 상황이다. 집약적 벼 농경에 따른 인구 급증은 불안정한 초기 농경 사회의 지속 가

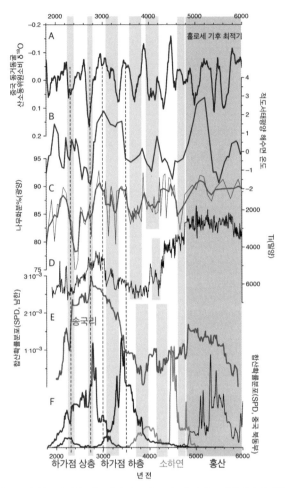

그림 2-8. 중국 동거 동굴의 석순 산소동위원소 자료(A) 및 저위도 서태평양의 해수면 온도 복원 자료(B), 광양과 밀양의 퇴적물 분석 자료(C, D), 남한과 중국 북동부(요하 유역)의 탄소연대측정 자료(E, F)의 비교

광양의 수목화분 비율, 밀양의 Ti 양, 유적지의 탄소연대 자료 모두 홀로세 후기 한반도와 요하 유역에 단기 한랭기가 주기적으로 도래했고 당시의 기후변화가 선사·고대 사회에 지대한 영향을 미쳤다는 것을 보여준다. 특히 2.8~2.7ka과 2.4~2.3ka에 발생했던 두 차례의 기후 악화는 송국리형 문화의 남부 확산과 쇠락을 가져온 것으로 추정된다. 한편 남중국과 적도 서태평양의 고기후 자료에도 한반도의 단기 기후변화와 유사한 변화가 보이는데, 이러한 기후원격상관 양상은 홀로세 동안태평양의 해수면 온도 변화가 동아시아 하계 몬순을 통해 동북아시아의 기후를 조절했다는 것을 의미한다.

출처: Park et al.(2019); Xu et al.(2019); Park et al.(2021).

능성을 현저하게 떨어뜨렸을 것이다. 벼는 물을 좋아하는 아열대 작물이므로 과거 한반도에서는 기후 여건이 작황을 크게 좌우했다. 약간의 기후변화라도 당시 사회에는 큰 충격으로 다가왔을 가능성이 크다.

초기 정착 농경민들은 수렵채집민과 비교했을 때 기후변화에 대한 적응력이 뒤질 수밖에 없었다. 기후가 악화되었을 때 소수의 수렵채집민은 좀 더 나은 곳을 찾아 이동할 수 있었다. 평소에도 끊임없이 움직이는 이들에게 소규모의 기후변화는 큰 부담이 아니었다. 그러나 이미 정착 상태에 들어선 농경민들에게 기후 악화는 극복하기 어려운 재해였다. 수세대에 걸쳐 일군 터전을 작황이 나빠졌다고 해서 갑자기 버리고 떠날 수는 없는 노릇이었을 것이다. 미세한 기후변화에도 농경사회는 크게 흔들렸을 것이고, 기후변화가 닥쳤을 때 대부분 적절한 결정을 내리지 못한 채 고스란히 그 피해를 감수했을 가능성이 크다. 양호한 환경 조건하에서 농경을 시작한 초기 경작민들은 저장의 필요성을 인식하지 못한 채 약간의 잉여생산물에도 만족했을 터이므로 갑작스러운 기후 악화가 가져온 생태적 충격을 이겨내기란 쉽지 않았을 것이다.

송국리형 문화는 대략 3.0ka부터 금강 중·하류를 중심으로 발전했다고 알려져 있다. 이후 2.7~2.4ka에 전라도와 경상도 서부의 기존 문화들이 대부분 송국리형 문화로 대체되는 모습이 나타난다 (이희진 2016). 이러한 남쪽으로의 문화 확산은 앞에서 설명한 대로 2.8~2.7ka에 나타난 기후변화의 여파로 나타났을 가능성이 크다. 농경민들이 기후적으로 벼 농경에 유리한 지역을 찾아 남으로 이주하면서 송국리형 문화 유형도 함께 전달되었을 것이다. 이들 중 일부는 아예 바다를 건너 일본 규슈 일대까지 진출했고 일본의 야요이 문화를 열었다(사진 2-2). 벼농사는 당시 한반도보다는 온난습윤한 규슈 지역에 더욱 적합했을 것이다. 이들의 야심 찬 도전에 대한 물질적 보상은 충분했을 것이라고 짐작할 수 있다.

한반도에서 건너간 야요이인은 수도작의 높은 생산성을 기반으로 점차 인구를 늘려갔다. 이들은 단기간에 당시 일본 열도에서 수렵채집으로 삶을 영위하던 조몬인들을 몰아내거나 동화시켰다. 이때 북쪽으로 밀려 나간 조몬인들의 후손이 홋카이도의 원주민인 아이누족이다. 아이누족과 남쪽 오키나와의 류큐인을 제외한 일본인 유전자의 80%

사진 2-2. 부여 송국리 청동기 집터 유적(A)과 일본 규슈 사가현의 (복원된) 야요이 주거지 전경(B)

이상이 야요이인에서 왔으므로(Kanzawa-Kiriyama et al. 2017), 일본인들에게 한반도의 농경민이 이주한 사건은 매우 중요한 의미를 지닌다. 오랫동안 일본의 야요이 문화는 대략 2.5~2.3ka부터 시작되었다고 여겨졌다. 그러나 2000년대 초반 일본의 고고학자들이 야요이의 시작 시점을 500년 더 이른, 즉 3.0ka까지로 소급시키면서 논란을 불러왔다. 지금은 이보다 조금 후대인 약 2.8ka부터 야요이 문화가 시작되었다는 것이 중론이다. 일본과 한국의 연대측정 자료들 또한 이를 지지한다(Shoda 2010). 최근의 유전자 연구에서도 한국인과 일본인이 분리되면서 유전적으로 차이가 나타나는 시점이 2.8ka 정도로 산출되었다(Kim et al. 2020). 만약 그렇다면 갑작스러운 기후변화의 충격으로 농경민들이 남쪽으로 이주를 했고 그들 중 일부가 일본으로 건너가 야요이 문화를 일으켰다는 가설이 시기적으로 잘 들어맞는 셈이다.

대략 2.3ka에 남한 지역의 주거지 수는 재차 크게 감소하여 거의 찾기 힘든 수준까지 떨어진다. 송국리형 문화가 거의 소멸한 것이다. 광양의 꽃가루 자료는 한반도에 2.8~2.7ka의 가뭄에 이어 2.4~2.3ka에 다시 한번 큰 가뭄이 닥쳤다는 것을 보여준다. 앞에서 언급했듯이 농경을 받아들인 후에 송국리형 문화와 같이 농경 활동의 심각한 쇠퇴가 빠르게 나타난 경우는 흔치 않다. 이러한 측면에서 볼 때 이 사회가 쇠락하는 과정에서 사회문화적 요인보다는 급작스러운 기후 악화가 더 큰 역할을 했을 가능성이 높다. 두 번의 기후변화를 거치면서도 생존한 농경민들은 수렵채집에 귀의한 사람들을 뒤로 한 채 벼 농경에 적당한 지역을 찾아 꾸준히 남쪽으로 나아갔다. 그리고 그들 중 일부는 바다 건너 섬나라로 향했다. 신석기시대부터 일본 규슈와 반도 사이를 오가던 사람들을 통해 이 지역에 대해서 어느 정도는 이미 들어

알고 있었기 때문이다(이은·김건수 2015). 따뜻하고 비가 많은 규슈는
분명 농사짓기에 더 좋은 땅이었다.

VI. 기후변화와 요하 문명, 그리고 한반도

중국 동북부 요령성의 요하 유역에서 보고된 고고학 연대측정 자료
(Summed Probability Distribution: SPD) 또한 흥미로운 추정을 가능
케 한다(Xu et al. 2019). 중국 학자 가운데 일부는 이 지역에서 6.5ka
에 나타나 5.0ka까지 흥했던 홍산 문화가 국가의 기본 형태를 갖추
고 있었던 원시 문명 사회였다고 주장한다. 이들은 홍산 문화가 지금
까지 중국 문명의 발원지로 여겨졌던 황하 유역의 앙소 문화보다도
1,000년 이상 앞서 시작된 것으로 추정하고 있다. 최근 들어 중국 정
부는 중원에 치우친 황하 문명이 아니라 보다 동쪽에 위치한 요하 문
명을 중화 문명의 뿌리로 간주하고 중국 동북부 지역에서의 정통성을
의도적으로 강조한다. 이는 중국 정부가 천명한 동북공정의 일환인
데, 이 과정에서 고구려를 중국의 지방정권이라고 주장하는 등 지역
의 고대사를 곡해하고 있어 우리나라 학자들의 강한 반발을 사고 있
기도 하다.

요하 문명은 우리나라에서도 고조선과의 관련성이 대두되면서 고
대사를 연구하는 학자들의 많은 관심을 불러일으키고 있다. 홍산 문
화와 연이어 나타난 소하연 문화와 하가점 하층·상층 문화는 모두 당
시 한반도의 선사·고대 사회와 어느 정도 관계를 맺고 있었을 가능성
이 있다. 흥미로운 사실은 요하 유역의 SPD 또한 이 지역의 선사·고
대 사회가 주기적인 기후변화에 절대적인 영향을 받았다는 것을 강하

게 시사한다는 점이다(Xu et al. 2019)(그림 2-8). 요하 유역과 한반도
는 거리상으로 가까이 위치하고 있으니 동일한 메커니즘의 기후변화
가 두 지역의 선사·고대 사회에 동시에 비슷한 파장을 몰고 왔다고 가
정해도 큰 무리는 없다.

　우선 홀로세 기후 최적기가 끝나가던 시점에 한반도의 선사시
대 수렵채집 사회를 무력하게 했던 4.8ka의 기후 악화는 요하 유역
에도 영향을 미쳤던 것으로 보인다. 정확히 그 시점에 홍산 문화가
사라지고 소하연 문화가 나타난다. 이후 소하연 문화는 4.6~4.4ka
에 전성기를 맞고 4.4~4.2ka에 크게 쇠락하는데, 같은 시기 한반도
의 선사·고대 사회 또한 이와 유사한 부침을 겪었다(Park et al. 2019).
3.8~3.7ka 들어 다시 한번 기후 여건이 나빠지면서 근근이 이어지던
소하연 문화가 끝이 난다. 그 뒤를 이어 하가점 하층 문화가 도래한다
(그림 2-8).

　홍산 문화만큼 하가점 문화 또한 우리나라에 많이 알려진 편이다.
특히 고조선의 초기 중심을 평양이 아닌 요하 유역으로 보는 재야 사
학계는 하가점 문화를 특별한 시각으로 바라본다. 하가점 하층 문화와
초기 고조선이 시기적으로 겹친다고 보기 때문이다. 하가점 유적에서
고조선 문화의 지표유물이라 할 수 있는 비파형 동검이 발굴된다는 점
도 이들이 이 문화에 관심을 쏟는 이유이다. 그러나 고고학과 역사학
의 주류 학자들은 고조선과 하가점 하층 문화를 동일시하려는 시도를
민족주의에 기반한 근거 없는 관계 설정이라 치부하며 경계한다(송호
정 2017).

　다시 본론으로 돌아가서, 3.8ka 이후 급격하게 팽창하던 하가점
하층 문화는 3.3~3.2ka에 빠르게 쇠락했고 곧 하가점 상층 문화가 시
작되었다. 농경 문화를 기반으로 하던 하층 문화가 만주 흑룡강 유역

에서 서쪽으로 이동하여 요하 유역으로 들어온 것으로 보이는 유목민
들에 의해 목축을 기반으로 하는 하가점 상층 문화로 대체된 것이다
(Ning et al. 2020). 프록시 자료에서 나타난 3.2ka의 기후 악화가 중
국 동북부 지역의 농경 사회에 혼란을 가져온 것으로 보이는데, 한반
도의 당시 사회에서는 그 여파를 찾을 수 없다(Park et al. 2019). 그렇
지만 같은 시기의 기후변화로 지중해 동부의 청동기 사회가 거의 소멸
수준에 이르렀다는 주장도 있다는 점을 고려할 때(Kaniewski and Van
Campo 2017), 동북아시아에 도래한 3.2ka의 기후변화가 하가점 상층
문화의 시작을 이끌었을 가능성도 충분하다. 강력한 기마술과 무기를
배경으로 등장했던 하가점 상층 문화는 고조선에 영향을 미쳐 비파형
동검 문화가 발달하는 데 일조했다.

　　이후 2.7ka를 전후하여 또 한 번의 기후 악화가 나타난다. 하가점
상층 문화가 2.7ka 즈음에 미약해지고 십이대영자 문화가 새롭게 나
타나므로(단, 하가점 상층 문화와 십이대영자 문화가 다른 성격의 문화
인지에 대해서는 이견이 존재한다), 이 전환 과정에서도 기후가 영향을
미쳤을 가능성이 있다. 십이대영자 문화는 고조선뿐 아니라 한반도
중부까지 영향을 미쳤던 것으로 추정된다. 대체로 요하 유역의 문화
들과 고조선의 관련성을 입증하기 어렵다는 것이 주류 학계의 중론이
지만 십이대영자 문화는 예외인 듯하다(조진선 2017). 요하 유역과 남
한 지역의 SPD 수치는 2.7ka와 2.3ka에 모두 뚜렷한 감소 추세를 보
인다. 2.7ka의 기후 악화로 인해 요하 지역에서 하가점 상층 문화가
타격을 입고 한반도에서는 송국리형 문화가 남쪽으로 퍼져나가는 계
기로 작용했을 가능성이 있다. 이후 두 문화는 2.3ka의 기후 악화에
다시 한번 충격을 받았고 그 결과 함께 쇠락의 길로 들어선 것으로 보
인다(그림 2-8).

　　요하 유역과 한반도의 선사·고대 사회들이 겪었던 기후변동에 큰
차이는 없었다. 사회의 변동 경향 또한 유사했는데, 두 지역의 상황을
한번 연관 지어 생각해볼 만하다. 기후가 혹독해지면 활동 범위를 넓
히면서 버틸 수 있는 수렵채집민들과 달리 농경민들은 자기 땅을 버리
고 농사를 제대로 지을 수 있는 새로운 곳을 찾아 떠나는 모험을 감행
해야 한다. 그 결과 언어나 생활 방식이 상이한 타 지역 정착민과의 접
촉이 빈번하게 일어난다. 가뜩이나 불리한 기후 여건으로 누구나 힘겨
운 상황에서 이는 갈등과 분쟁의 씨앗이 되어 사회변동을 촉진했을 것
이다. 광범위한 지역에 걸쳐 연이은 이주 물결과 문화 전파가 도미노
같이 나타났을 수 있다.

　　물론 과거 사람들의 이동과 그에 따른 사회변동이 모두 기후변화
때문일 리만은 없다. 당연히 기후와 전혀 관계없는 사회 요인에 의해
서도 대규모 이주가 발생할 수 있다. 단, 과거 특정 시점에 사회변동과
기후변화가 동시에 나타났다면 사회변동이 있었을 때 기후변화가 우
연히 함께 나타났을 뿐이라고 주장하는 것보다는 기후변화가 사회변
동에 일부 기여했다고 보는 것이 더 논리적일 것이다.

　　한편 탄소연대측정에 내재한 에러 범위를 고려할 때 기후변화와
사회변동이 동시에 나타났는지를 판단하는 것 자체가 원천적으로 불
가하다고 여기는 일부 학자들도 존재한다. 그러나 이는 제시된 가설의
채택 여부를 이후의 검증 과정을 통해 선별하는 과학적 연구 절차를
무시하는 것이다. 탄소연대측정 자체를 신뢰하기 어려우니 과거 기록
만 참고하겠다는 자세는 자연과학적 방법을 통해 과거를 복원하려는
연구자들에게는 너무 가혹한 태도가 아닌가 생각된다.

VII. 요하 유역과 한반도에서의 이주, 농경, 원시언어

요하 유역 문화와 한반도의 원시원어를 함께 검토해보는 것도 과거 두 지역의 사회변동을 밝히는 데 도움이 될 수 있다. 고고학자인 콜린 렌프류(Colin Renfrew)와 피터 벨우드(Peter Bellwood)는 전 세계 언어의 분포가 신석기 혁명 이후 나타난 농민의 확산과 관련이 있다고 주장하면서 '농경/언어 확산 가설(farming/language dispersal hypothesis)'을 제시한 바 있다(Bellwood and Renfrew 2002). 농경 문화와 원시언어에 대한 공동 연구를 통해 과거 인간의 이동과 언어 형성 과정을 밝힐 수 있다는 주장이다. 즉, 인구가 많은 농경 사회가 주변의 수렵채집민 사회를 차츰 대체하므로 농경 문화와 언어 혹은 유전자까지 동일한 방향으로 함께 움직인다고 본 것이다. 그러나 이 가설은 유럽과 오세아니아를 제외한 다른 지역에는 적용하기 어려울 때가 많다. 한 사회의 농경 문화와 언어가 상이한 경로와 방식을 통해 유입된 사례도 쉽게 찾을 수 있기 때문이다. 또한 인구의 대체(유전자의 확산) 없이 농경 문화의 전달만 이루어진 경우도 적지 않았다.

미국의 존 휘트먼(John Whitman)과 독일의 마르티네 로베츠(Martine Robbeets) 등 서구의 언어학자들이 제시한 원시 한국어에 대한 두 가지 가설은 관심을 가져볼 만하다(그림 2-9). 이들은 농경 문화의 전파를 기반으로 언어의 확산 과정을 복원하고자 했다. 우선 로베츠는 원시 한국어가 조·기장 농경 문화와 함께 5.5ka에 한반도로 유입되었다고 보았다. 반면 원시 일본어는 벼 농경 문화와 더불어 3.5~3.3ka에 한반도로 전달된 후 송국리형 문화인이 2.8ka 즈음에 일본으로 이주할 때 함께 건너갔다고 주장했다(Robbeets 2017). 로베츠는 두 언어 모두 요하 유역에서 유래했다고 주장했는데, 그녀의

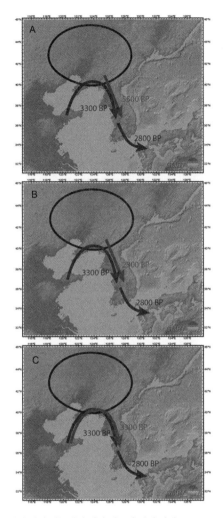

그림 2-9. 원시 한국어와 원시 일본어의 전파 경로와 시기 가설

연한 색의 화살표는 원시 한국어의 전파 경로를, 진한 색의 화살표는 원시 일본어의 전파 경로를 지시하며 타원은 요하 문명권을 지시한다. A: 로베츠의 가설로, 5500BP에 조·기장 농경민들이 원시 한국어를 한반도에 전파하고 이후 벼 농경민들이 원시 일본어를 3300BP에 한반도로, 2800BP에 일본으로 전파했다. B: 휘트먼의 가설로, 벼 농경민이 원시 일본어를 3300BP에 한반도로, 2800BP에 일본으로 전파하고, 2300BP에 유목 문화와 함께 원시 한국어가 한반도로 전파되었다. C: 제3의 가설로, 중국의 서로 다른 벼 농경 문화와 함께 원시 한국어와 원시 일본어가 한반도로 전파되고 그중 원시 일본어가 일본까지 전달되었다.

출처: Hudson and Robbeets(2020); Whitman(2011); Kim and Park(2020).

가설이 맞는다면 현재의 한국어와 일본어에서 보이는 차이는 요하의 조·기장 농경 문화인이 5.5ka에 한반도로 이주하면서 시작된 두 언어의 공간적 격리에서 비롯된 것일 수 있다. 한국인과 일본인은 서로의 언어를 사용하여 소통하는 것이 거의 불가능하다. 두 민족의 유전적 차이, 그리고 두 나라의 물리적 거리를 고려할 때 언어의 차이가 무척 큰 편이다.

한편 휘트먼은 원시 한국어가 2.3ka에 요하 지역에서 동검을 지니고 한반도로 들어온 유목 문화 배경의 사람들과 관련이 있다고 보았다. 그리고 원시 일본어는 그 이전에 벼 농경과 함께 요동에서부터 한반도로, 그리고 일본으로 순차적으로 전달되었다고 주장했다(Whitman 2011). 당시 한반도 남부에 주거하던 송국리형 벼 농경민들은 2.8ka부터 시작된 기후변화를 피해 일본으로 넘어가는 중이었으므로, 2.3ka 즈음에 남하한 북부인의 원시 한국어가 한반도 전체로 비교적 수월하게 퍼지는 상황을 상정해볼 수 있다.

원시 일본어가 벼 농경민과 관련이 있다고 본 휘트먼의 가설은 로베츠의 견해와 크게 다르지 않다. 휘트먼의 생각이 옳다고 가정하고 한국어와 일본어의 언어적 거리를 감안한다면, 3.2ka 즈음에 한반도로 들어왔다가 2.8ka에 일본으로 건너간 송국리형 벼 농경민들과 수백 년 후 동검과 함께 한반도로 진입한 유목 문화의 북방인들은 비록 두 집단 모두 요동 지역에서 남하한 것이 사실이지만 근원적으로 서로 다른 역사문화적·언어적 배경을 가졌을 가능성이 크다. 휘트먼의 가설은 한국어가 부여어 및 고구려어에서 기원했다는 미국의 러시아계 언어학자인 알렉산더 보빈(Alexander Vovine)의 주장과도 잘 연결된다(Vovine 2013). 이후에 설명하겠지만 그의 주장은 한국어가 신라어에서 기원했다는 크리스토퍼 벡위스(Christopher Beckwith)의 가설과는 정면으로 대치된다(Beckwith 2004).

그렇다면 원시 한국어와 원시 일본어의 전파 가설을 당시의 기후변화와 관련지어 살펴보자. 한반도의 조·기장 농경은 5.5ka에 요하유역의 홍산 문화로부터 전달된 것으로 추정된다(Lee 2011). 5.5ka부터 이후 수백 년 동안은 홀로세 기후 최적기의 후반부로 기후환경이 양호하여 주변에 먹을거리가 풍부했던 시기였다. 조·기장 농경은 당시 한반도 사람들의 주된 생계수단이라기보다는 수렵채집이나 어로활동을 일부 보조하는 정도였다. 따라서 원시 한국어가 조·기장 농경에 기반한 홍산 문화로부터 기원했다는 로베츠의 가설은 설득력이 낮은 것이 사실이다(Kim and Park 2020).

한편 벼 농경이 한반도로 전달되었다고 추정되는 3.5ka 또한 기후 악화가 뚜렷했던 시기는 아니다. 그 이전인 3.7ka의 건조한 기후를 극복하기 위해 하가점 하층 문화의 벼 농경민들이 일부 한반도로 넘어왔을 수 있다. 그러나 이보다 더 중요한 이주의 물결은 3.2ka의 기후 악화에 의해 유목민이 서쪽으로 이동하면서 하가점 하층 문화가 목축 중심의 상층 문화로 전환될 때 있었는지 모른다. 그 여파로 하가점 하층 문화 배경의 벼 농경민이 요동반도 부근에서 밀려 남하했고(혹은 기후변화에 대응하는 과정에서 남하했고), 이들의 영향으로 한반도 농경민들이 건조농법에서 벗어나 수도작을 본격적으로 시작하면서 송국리형 문화가 발전하게 된 것이 아닌가 생각된다.

흥미로운 것은 3.2ka에 분명 기후가 악화되었음에도 문화 전환이 일어났던 요하 유역과 달리 한반도의 인구 규모가 오히려 꾸준히 증가했다는 점이다. 이는 인구 규모가 대체로 축소되는 경향을 보였던 여타 단기 한랭기의 경우와 비교할 때 특이하다. 기후변화의 강도가 상대적으로 약했을 가능성도 상정해볼 수 있지만, 외부에서 한반도로 벼

농경민이 집단으로 이주해 들어오면서 주거지 수가 증가했을 가능성
이 더 높아 보인다. 현재 학계에서는 송국리형 문화가 한반도에서 자
체적으로 형성되었다는 견해(Kim and Park 2020)와 외부인의 이주가
수도작 문화의 수용을 촉진했다는 주장(이홍종 2002)이 맞서 있는데,
이 장에서 소개한 자료들은 후자를 지지하고 있다. 참고로 당시 기후
악화에도 불구하고 주거지 수가 늘어났던 한반도의 상황은 수백 년 후

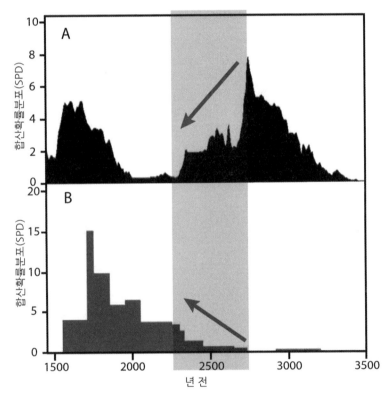

그림 2-10. 남한(A)과 규슈 북부지역(B)의 인구 규모 변화
남한 수치는 주거지의 연대자료에, 규슈 수치는 토기 연대자료에 기반하여 구했다. 2.8~2.3ka에 남
한의 인구 규모가 급하게 감소하고 있지만 규슈의 인구는 반대로 증가한다.
출처: Kim and Park(2020).

기후변화를 피해 일본으로 건너간 송국리형 문화인에 의해 일본 규슈에서 재현된다. 기후가 지속적으로 나빠지던 2.8~2.3ka에 일본 규슈의 인구는 꾸준히 증가했다(Kim and Park 2020)(그림 2-10).

전술했듯이 2.8ka 이후 기후가 건조해지면서 한반도에서는 송국리형 문화인이 남쪽으로 이동하게 된다. 같은 시기에 하가점 상층 문화인 또한 기후 악화를 피해 남하했다고 가정한다면, 당시 급하게 진행되었던 송국리형 문화인의 이주와 사회변동이 이해된다. 기후변화에 적응하기도 벅찬데 낯선 외부인마저 급증하면서 기존 사회는 많은 혼란을 겪었을 것이다. 사회에 닥친 난관을 피해 이동하던 사람들 중 일부는 바다 건너 일본까지 건너갔다. 이때 원시 일본어도 함께 넘어갔을 것이다.

한편 십이대영자 문화인 또한 혹독한 기후로 송국리형 문화가 크게 쇠락하던 2.4~2.3ka 즈음에 전국시대 연나라의 압박과 기후 악화를 피해 요하 유역에서 남쪽으로 이주를 시도했던 것으로 보인다. 십이대영자 문화는 고조선의 핵심 문화로 자주 언급된다(조진선 2017). 십이대영자 문화의 전파는 2.3ka에 고조선의 유민이 전쟁을 피해 평양으로 남하했다는 주장과 연결된다. 이들은 세형 동검과 점토대토기와 같은 자신들의 흔적을 한반도에 남겼는데, 휘트먼은 이때 원시 한국어도 함께 전달되었을 것이라고 가정했다. 그러나 한반도에서 인구가 크게 늘었던 시기는 송국리형 문화의 전성기라 할 수 있는 2.9ka 즈음으로 2.3ka는 벼 농경 문화가 침체기에 들어서고 인구가 감소했던 시기임을 감안할 때 이 또한 설득력이 떨어진다.

로베츠와 휘트먼의 가설 모두 원시 한국어가 벼 농경민의 이주와는 관계가 없다고 가정하고 있어 동의를 구하기가 쉽지 않다(Kim and Park 2020). 한반도에서는 홀로세 후기 벼 농경의 시작과 함께 인구가 급증한 것이 사실인데, 로베츠나 휘트먼은 벼 농경민이 아닌 다른 사람들이 원시 한국어를 전파했다고 주장하기 때문이다. 개인적으로는 휘트먼의 가설이 조금 더 나아 보인다. 일본어와 한국어의 차이를 농경 문화 기반인 하가점 하층 문화와 유목 문화 기반인 십이대영자 문화의 언어 차이에서 비롯되었다고 보면 논리적으로 큰 문제가 없다. 반면 로베츠가 강조하는 조·기장 농경민이 원시 한국어를 전파했다는 가설은 당시 이들의 파급력이 낮았다는 점을 고려할 때 수긍하기가 어렵다. 조·기장 농경이 한반도에서 시작되었던 때는 지난 1만 년 이상의 홀로세 기간 중에서 가장 풍요로웠던 시기로 사회변동이 나타날 만한 상황이 아니었다.

　　한편 미국 인디애나 대학의 중앙유라시아학과 교수인 벡위스는 2000년대 중반에 과거 부여 및 고구려의 언어가 현재의 일본어와 비슷하고 신라의 언어가 현재의 한국어와 비슷하다는 가설을 제시한 바 있다(Beckwith 2004). 2005년 다이아몬드가 베스트셀러 『총·균·쇠』의 개정판을 한국에서 출간할 때 책 말미에 부록으로 수록한 단문에서 이 가설을 소개하여 우리나라 대중에게도 잘 알려져 있다. 벡위스는 한국어와 일본어가 서로 많이 다른 이유를 과거 한반도의 북쪽에서 통용되던 고구려어(원시 일본어)와 남쪽에서 통용되던 삼한어(원시 한국어) 사이에 존재했던 차이에서 찾았다. 그의 이러한 주장은 로베츠의 가설에 잘 들어맞는다.

　　로베츠의 주장에 따르면, 한반도에서 원시 한국어를 퍼뜨린 이들은 6~5ka에 요하 유역에서 이주한 조·기장 농경민들로 이후 한반도 남부에서 삼한 사회를 이루었다. 한편 초기 일본어를 사용한 사람들은 3.5ka 이후 한반도에서는 송국리형 문화를, 일본에서는 야요이 문화를 주도했던 벼 농경민들이다. 이들도 마찬가지로 요동 인근에서 남하한 사람들로 부여인 및 고구려인과 연관성을 갖는다고 본다. 송국리형 문화의 소멸과 함께 한반도 남부에서 통용되던 원시 일본어는 자취를 감추었다. 게다가 백제나 가야와 달리 송국리형 문화의 영향을 거의 받지 않았던 신라가 삼국을 통일하면서 한반도 남쪽에 남아 있던 원시 일본어의 흔적까지 거의 사라졌다. 그러나 당시 원시 일본어는 야요이 사회에서 살아남았고 그 결과 현 일본어가 과거 부여어 및 고구려어와 근연성을 갖게 되었다는 것이다(Hudson and Robbeets 2020).

한국인과 일본인의 유전적 차이가 발생하기 시작한 시기(2.8~2.3ka)를 고려할 때 두 언어의 간격은 상당히 크다. 벡위스 가설의 핵심은 신라가 삼국을 통일함에 따라 남쪽의 신라어는 한국어로 이어졌고 북쪽의 고구려어는 일본어로 이어졌다는 것인데, 이는 조·기장 농경 집단이 요동을 벗어나면서 원시 한국어와 원시 일본어로의 분화가 일어났다는 로베츠의 가설을 뒷받침한다. 벡위스의 주장이 맞다면 로베츠가 제시한 가설의 설득력은 한층 높아질 것이다. 그러나 여전히 6~5ka에 조·기장 농경민들이 사용하던 언어가 한반도 사회에 널리 퍼져 지금의 한국어로 이어졌다는 전제를 받아들이기는 쉽지 않다. 조·기장 농경은 당시 한반도의 수렵채집 사회에 큰 영향을 미치지 못했다는 것이 중론이기 때문이다.

지금까지 살펴본 바와 같이 벨우드의 단순한 농경·언어 확산 가설을 동아시아에서는 적용하기 힘들어 보인다(Kim and Park 2020). 농경 문화, 유전자, 언어가 각기 다른 시기와 경로를 통해 이동했을 수 있는데다가 지속적으로 뒤섞이는 상황을 겪었을 가능성이 크기 때문이다. 모두가 동의할 수 있는 명료하면서도 설득력 있는 결론을 내리기 위해서는 방대한 자료를 수집하여 치밀하게 분석해야 할 터인데 연구자도 부족하고 자료도 충분치 않다. 게다가 인과관계가 뚜렷하지 않은 기후변화 요소까지 덧붙여 사람의 이동을 논했으니, 엄밀히 말해 이 장에서 서술한 많은 내용은 대부분 앞으로 지속적인 입증이 필요한 가설에 불과하다고 보는 것이 맞을 것이다.

그래도 동아시아에 지난 수천 년간 주기적으로 도래했던 기후변화가 사람들의 이주와 문화의 전파를 이끌었던 주원인 가운데 하나였다는 심증은 점점 굳어져가고 있다. 위에서 소개한 가설들 가운데 무엇이 맞든 간에 사람의 이주와 문화의 전달을 촉발한 것은 기후변화일 가능성이 크다. 이는 요하 유역과 한반도의 고기후 및 고고학 자료에서 어느 정도 드러난다. 향후 관련 자료들이 양적으로나 질적으로 개선되어 과거 이 지역의 선사시대에 있었던 일들을 보다 확실하게 밝힐 수 있게 되길 희망한다.

VIII. 맺음말

이 장에서 소개한 밀양과 광양의 연구 결과에서 보듯이 한반도의 홀로세 후기 기후는 적도 서태평양의 해수면 온도 변화에 많은 영향을 받았다. 또한 태평양에서 촉발된 기후변화는 그 여파가 컸든 작았든 간에 한반도 선사·고대 사회의 진행 방향과 성패를 좌우한 요인 가운데 하나였다. 안정적이던 사회에 첫 파장을 일으켰던 조그만 자갈이었을 수도 있고 사회가 변화를 겪는 와중에 박차 역할을 했을 수도 있다. 아니면 지지부진하게 이어지던 사회변화를 끝낸 종지부였는지도 모른다.

물론 선사·고대 사회의 성쇠를 결정했던 요인은 기후 외에도 무수히 많았을 것이다. 그러나 기후의 영향력 유무는 과학적인 분석을 통해 어느 정도 확인이 가능한 반면, 다른 사회적 요인들은 기록이 부재한 경우 우리가 입증할 방법이 마땅치 않다는 어려움이 있다. 선사·고대 사회의 변동 과정을 밝히는 일은 단순하게 일차적인 인과관계를 찾는 작업이 아니다. 설득력 있는 가설을 수립하고자 원한다면 모든 가능성을 열어두고 당시의 사회·환경 조건들을 종합적으로 검토하는 열의가 필요하다. 과학적인 분석을 선호하는 고기후 학자가 증거가 불명확하다는 이유로 다른 사회적 요인들의 중요성을 간과하는 것은 옳지 않으며, 인문학자가 고기후 연구들을 증거가 불충분한 결정론적 해석에 불과하다고 폄하하는 것도 바람직하지 않다.

　전 세계적으로 미래의 지구온난화에 대한 우려가 증폭되고 있다. 그러나 안타깝게도 최근의 파리협정(Paris Agreement)에서 보듯이 정치적·경제적 이해관계로 서로 복잡하게 얽혀 있는 국제사회에서 온난화 문제의 해결은 요원해 보인다. 온난화가 앞으로 우리의 삶에 어떠한 파장을 미칠지 누구도 예측하기 어렵지만 아무 일도 없이 지나가지는 않을 것이다. 기후변화가 필연이라면 새로운 환경을 오히려 발전의 기회로 삼는 역발상의 아이디어도 필요하다. 과거 사회의 다양한 사례들은 기후변화에 최대한 적극적으로 대응했을 때 위기를 극복할 수 있었다는 사실을 잘 보여준다.

　홀로세 후기의 기후변화는 요하 유역과 한반도의 선사·고대 사회에 지대한 영향을 미쳤다. 기후가 악화할 때마다 요하 유역에서 유민들이 발생했고 이들은 요동에 산재해 있던 지역사회를 자극했다. 그 결과 요동반도에서 한반도로, 그리고 일본으로 사람들이 이동했고 그들과 함께 문화와 언어가 전달되곤 했다. 낯선 이주민과의 접촉 빈도가 늘어나면서 기후변화로 촉발된 사회 갈등이 점차 증폭되었다. 특히 농경의 생산성 확대로 인구가 급격하게 증가했던 사회의 경우에는 환

경 훼손 또한 심각하여 기후변화에서 파생된 사회 문제를 해결할 여력
이 없었을 것이다. 한반도의 송국리형 문화나 요하 유역의 하가점 하
층 문화는 발전 속도에 못지않게 쇠락하는 속도 또한 빨랐는데, 그 배
경에는 지속 가능하지 않은 사회에 수반되는 환경·생태 문제가 존재
했다는 점이 분명하다. 두 문화는 인구의 급증으로 적응력과 회복력을
충분히 갖추지 못한 상황에서 들이닥친 기후변화를 극복하지 못했다.

　2.8~2.3ka에 있었던 기후 악화는 당시 한반도 농경민들에게 큰
충격을 안겼다. 자포자기 상태로 기후변화에 굴복한 사람도 있었지만
위기를 기회 삼아 성공한 사람들도 있었다. 규슈로 넘어간 진취적인
농경민들은 일본에서 새로운 역사를 창조했다. 소극적인 자세로는 환
경 변화라는 거대한 파도를 헤쳐나갈 수 없다. 한반도에서 번영하던
송국리형 문화는 형성된 후 불과 1,000년도 되기 전에 갑자기 사라졌
지만, 일본에 전파된 송국리형 문화는 후신인 야요이 문명으로 이어졌
다. 야요이인은 현재 일본인의 근간을 이룬다. 기후가 지속적으로 나
빠지고 있었음에도 원래 살던 곳에 남기로 한 농경민과 온화한 남쪽
으로, 그리고 일본으로의 힘든 이주를 결심한 농경민은 모두 같은 송
국리형 문화인이었다. 그러나 당시 그들의 서로 다른 선택은 유전자의
확산 측면에서 엄청난 차이를 가져왔다. 기후 악화에 따른 송국리형
문화의 쇠락과 전파는 인간 사회에 치명적인 외부 교란이 가해지더라
도 활발한 정보 수집과 적극적인 대응을 통해 위기를 기회로 반전시킬
수 있다는 것을 보여준다.

참고문헌

송호정. 2017. "요서지역 고고 자료와 한국 고대사 관련 연구에 대한 재검토."
　　한국상고사학보, 155-82.
이은·김건수. 2015. "호남지방 신석기시대 생업활동에 대한 연구-패총 출토 유물을
　　중심으로." 호남고고학보 49: 43-67.
이창희. 2017. "한국 원사고고학의 기원론과 연대론." 한국고고학보 102: 250-73.
이홍종. 2002. "송국리문화의 시공적 전개." 호서고고학 7: 77-103.
이희진. 2016. "환위계적 적응순환 모델로 본 송국리문화의 성쇠." 한국청동기학보 18: 24-
　　53.
조진선. 2017. "요서지역의 비파형동검문화와 종족." 한국상고사학보, 183-213.

Ahn, S. M. and J. H. Hwang. 2015. "Temporal fluctuation of human occupation
　　during the 7th–3rd millennium cal BP in the central-western Korean Peninsula."
　　Quaternary International 384: 28-36.
Ahn, S. M., J. Kim, and J. Hwang. 2015. "Sedentism, settlements, and radiocarbon dates
　　of Neolithic Korea." *Asian Perspectives*, 113-43.
Alley, R. B., P. A. Mayewski, T. Sowers, M. Stuiver, K. C. Taylor, and P. U. Clark. 1997.
　　"Holocene climatic instability: A prominent, widespread event 8200 yr ago."
　　Geology 25: 483-86.
Armit, I., G. T. Swindles, K. Becker, G. Plunkett, and M. Blaauw. 2014. "Rapid climate
　　change did not cause population collapse at the end of the European Bronze Age."
　　Proceedings of the National Academy of Sciences 111: 17045-49.
Beckwith, C. 2004. *Koguryo: The Language of Japan's Continental Relatives.* BRILL.
Bellwood, P. S. and C. Renfrew. 2002. *Examining the Farming/Language Dispersal
　　Hypothesis.* McDonald Institute for Archaeological Research.
Benson, L., K. Petersen, and J. Stein. 2007. "Anasazi (pre-Columbian Native-American)
　　migrations during the middle-12th and late-13th centuries–were they drought
　　induced?." *Climatic change* 83: 187-213.
Bernhardt, C. E., B. P. Horton, and J. D. Stanley. 2012. "Nile Delta vegetation response to
　　Holocene climate variability." *Geology* 40: 615-18.
Buckley, B. M., K. J. Anchukaitis, D. Penny, R. Fletcher, E. R. Cook, M. Sano, A.
　　Wichienkeeo, T. T. Minh, and T. M. Hong. 2010. "Climate as a contributing factor
　　in the demise of Angkor, Cambodia." *Proceedings of the National Academy of
　　Sciences* 107: 6748-52.
Cheng, H., D. Fleitmann, R. L. Edwards, X. Wang, F. W. Cruz, A. S. Auler, A. Mangini, Y.
　　Wang, X. Kong, and S. J. Burns. 2009. "Timing and structure of the 8.2 kyr BP event

inferred from δ18O records of stalagmites from China, Oman, and Brazil." *Geology* 37: 1007-10.

Coombes, P. and K. Barber. 2005. "Environmental determinism in Holocene research: Causality or coincidence?." *Area* 37: 303-11.

Cresswell, T. 2013. *Geographic Thought: A Critical Introduction*. Malden, MA: Blackwell Publishers.

DeMenocal, P. B. 2001. "Cultural responses to climate change during the late Holocene." *Science* 292: 667-73.

Diamond, J. 1997. *Gun, germs and steel*. WW Norton & Company.

Dixit, Y., D. A. Hodell, and C. A. Petrie. 2014. "Abrupt weakening of the summer monsoon in northwest India~ 4100 yr ago." *Geology* 42: 339-42.

Douglas, P. M., M. Brenner, and J. H. Curtis. 2016. "Methods and future directions for paleoclimatology in the Maya Lowlands." *Global and Planetary Change* 138: 3-24.

Fagan, B. M. 2000. *The Little Ice Age: How Climate Made History, 1300-1850*. New York: Basic books.

Fleitmann, D., M. Mudelsee, S. J. Burns, R. S. Bradley, J. Kramers, and A. Matter. 2008. "Evidence for a widespread climatic anomaly at around 9.2 ka before present." *Paleoceanography and Paleoclimatology* 23.

Giosan, L., P. D. Clift, M. G. Macklin, D. Q. Fuller, S. Constantinescu, J. A. Durcan, T. Stevens, G. A. Duller, A. R. Tabrez, and K. Gangal. 2012. "Fluvial landscapes of the Harappan civilization." *Proceedings of the National Academy of Sciences* 109: E1688-94.

Guedes, J. A. d. A., S. A. Crabtree, R. K. Bocinsky, and T. A. Kohler. 2016. "Twenty-first century approaches to ancient problems: Climate and society." *Proceedings of the National Academy of Sciences* 113: 14483-91.

Haldon, J., L. Mordechai, T. P. Newfield, A. F. Chase, A. Izdebski, P. Guzowski, I. Labuhn, and N. Roberts. 2018. "History meets palaeoscience: Consilience and collaboration in studying past societal responses to environmental change." *Proceedings of the National Academy of Sciences* 115: 3210-18.

Harning, D. J., Á. Geirsdóttir, and G. H. Miller. 2018. "Punctuated Holocene climate of Vestfirðir, Iceland, linked to internal/external variables and oceanographic conditions." *Quaternary Science Reviews* 189: 31-42.

Herzschuh, U., K. Winter, B. Wünnemann, and S. Li. 2006. "A general cooling trend on the central Tibetan Plateau throughout the Holocene recorded by the Lake Zigetang pollen spectra." *Quaternary International* 154: 113-21.

Hodell, D. A., J. H. Curtis, and M. Brenner. 1995. "Possible role of climate in the collapse of Classic Maya Civilization." *Nature* 375: 391-94.

Hudson, M. J. and M. Robbeets. 2020. "Archaeolinguistic evidence for the farming/ language dispersal of Koreanic." *Evolutionary Human Sciences* 2: e52.

Hulme, M. 2011. "Reducing the future to climate: a story of climate determinism and reductionism." *Osiris* 26: 245-66.

Judkins, G., M. Smith, and E. Keys. 2008. "Determinism within human-environment research and the rediscovery of environmental causation." *The Geographical Journal* 174: 17.

Kaniewski, D. and E. Van Campo. 2017. "3.2 ka BP megadrought and the late bronze age collapse." in *Megadrought and Collapse: From Early Agriculture to Angkor*, 161-82.

Kanzawa-Kiriyama, H., K. Kryukov, T. A. Jinam, K. Hosomichi, A. Saso, G. Suwa, S. Ueda, M. Yoneda, A. Tajima, and K. I. Shinoda. 2017. "A partial nuclear genome of the Jomons who lived 3000 years ago in Fukushima, Japan." *Journal of Human Genetics* 62: 213.

Kates, R. W., W. C. Clark, R. Corell, J. M. Hall, C. C. Jaeger, I. Lowe, J. J. McCarthy, H. J. Schellnhuber, B. Bolin, and N. M. Dickson. 2001. "Sustainability science." *Science* 292: 641-42.

Kawahata, H., H. Yamamoto, K. I. Ohkushi, Y. Yokoyama, K. Kimoto, H. Ohshima, and H. Matsuzaki. 2009. "Changes of environments and human activity at the Sannai-Maruyama ruins in Japan during the mid-Holocene Hypsithermal climatic interval." *Quaternary Science Reviews* 28: 964-74.

Kim, J. and J. Park. 2020. "Millet vs rice: an evaluation of the farming/language dispersal hypothesis in the Korean context." *Evolutionary Human Sciences* 2: e12.

Kim, J., S. Jeon, J. P. Choi, A. Blazyte, Y. Jeon, J. I. Kim, J. Ohashi, K. Tokunaga, S. Sugano, and S. Fucharoen. 2020. "The origin and composition of Korean ethnicity analyzed by ancient and present-day genome sequences." *Genome Biology and Evolution* 12: 553-65.

Koutavas, A., G. C. Olive, and J. Lynch-Stieglitz. 2006. "Mid-Holocene El Niño–Southern Oscillation (ENSO) attenuation revealed by individual foraminifera in eastern tropical Pacific sediments." *Geology* 34: 993-96.

Lachniet, M. S., J. P. Bernal, Y. Asmerom, V. Polyak, and D. Piperno. 2012. "A 2400 yr Mesoamerican rainfall reconstruction links climate and cultural change." *Geology* 40: 259-62.

Lamb, H. H. 2013. Climate: Present, Past and Future. Routledge revivals. Vol. 2, *Climatic History and the Future*. Routledge.

Lee, G. A. 2011. "The transition from foraging to farming in prehistoric Korea." *Current Anthropology* 52: S307-29.

Liu, F. and Z. Feng. 2012. "A dramatic climatic transition at~ 4000 cal. yr BP and its cultural responses in Chinese cultural domains." *The Holocene* 22: 1181-97.

MacDonald, G. M., K. A. Moser, A. M. Bloom, A. P. Potito, D. F. Porinchu, J. R. Holmquist, J. Hughes, and K. V. Kremenetski. 2016. "Prolonged California aridity linked to climate warming and Pacific sea surface temperature." *Scientific Reports* 6: 33325.

Magny, M. and J. N. Haas. 2004. "A major widespread climatic change around 5300 cal. yr BP at the time of the Alpine Iceman." *Journal of Quaternary Science* 19: 423-30.

Medina-Elizalde, M. and E. J. Rohling. 2012. "Collapse of Classic Maya civilization related to modest reduction in precipitation." *Science* 335: 956-59.

Nahm, W. H., J. K. Kim, J. Y. Kim, S. Yi, J. Lim, and J. C. Kim. 2013. "The Holocene climatic optimum in Korea: Evidence from wetland records." *Palaeogeography, Palaeoclimatology, Palaeoecology* 376: 163-71.

Nakamura, A., Y. Yokoyama, H. Maemoku, H. Yagi, M. Okamura, H. Matsuoka, N. Miyake, T. Osada, D. P. Adhikari, and V. Dangol. 2016. "Weak monsoon event at 4.2 ka recorded in sediment from Lake Rara, Himalayas." *Quaternary International* 397: 349-59.

Ning, C., T. Li, K. Wang, F. Zhang, T. Li, X. Wu, S. Gao, Q. Zhang, H. Zhang, and M. J. Hudson. 2020. "Ancient genomes from northern China suggest links between subsistence changes and human migration." *Nature Communications* 11: 1-9.

Oh, Y., M. Conte, S. Kang, J. Kim, and J. Hwang. 2017. "Population fluctuation and the adoption of food production in prehistoric Korea: Using radiocarbon dates as a proxy for population change." *Radiocarbon* 59: 1761-70.

Ortloff, C. R. and A. L. Kolata. 1993. "Climate and collapse: agro-ecological perspectives on the decline of the Tiwanaku state." *Journal of archaeological science* 20: 195-221.

Park, J. 2017. "Solar and tropical ocean forcing of late-Holocene climate change in coastal East Asia." *Palaeogeography, Palaeoclimatology, Palaeoecology* 469: 74-83.

Park, J., R. Byrne, and H. Böhnel. 2019. "Late holocene climate change in Central Mexico and the decline of Teotihuacan." *Annals of the American Association of Geographers* 109: 104-20.

Park, J., J. Park, S. Yi, J. C. Kim, E. Lee, and J. Choi. 2019. "Abrupt Holocene climate shifts in coastal East Asia, including the 8.2 ka, 4.2 ka, and 2.8 ka BP events, and societal responses on the Korean peninsula." *Scientific reports* 9: 10806.

Park, J., J. Park, S. Yi, J. Lim, J. Kim, Q. Jin, J. Choi. 2021. "Holocene hydroclimate reconstruction based on pollen, XRF, and grain-size analysis and its implications for past societies of the Korean Peninsula." *The Holocene* 31: 1489-1500.

Park, J., Y. H. Shin, and R. Byrne. 2016. "Late-Holocene vegetation and climate change in Jeju Island, Korea and its implications for ENSO influences." *Quaternary Science Reviews* 153: 40-50.

Paus, A., H. Haflidason, J. Routh, B. D. A. Naafs, and M. W. Thoen. 2019. "Environmental responses to the 9.7 and 8.2 cold events at two ecotonal sites in the Dovre mountains, mid-Norway." *Quaternary Science Reviews* 205: 45-61.

Plunkett, G. and G. Swindles. 2008. "Determining the Sun's influence on Lateglacial and Holocene climates: A focus on climate response to centennial-scale solar forcing at 2800 cal. BP." *Quaternary Science Reviews* 27: 175-84.

Robbeets, M. 2017. "Austronesian influence and Transeurasian ancestry in Japanese: A case of farming/language dispersal." *Language Dynamics and Change* 7: 210-51.

Schweinsberg, A. D., J. P. Briner, G. H. Miller, O. Bennike, and E. K. Thomas. 2017. "Local glaciation in West Greenland linked to North Atlantic Ocean circulation during the Holocene." *Geology* 45: 195-98.

Shoda, S. Y. 2010. "Radiocarbon and archaeology in Japan and Korea: What has changed because of the Yayoi dating controversy?." *Radiocarbon* 52: 421-27.

Sinha, N., N. Gandhi, S. Chakraborty, R. Krishnan, M. Yadava, and R. Ramesh. 2018. "Abrupt climate change at~ 2800 yr BP evidenced by a stalagmite record from peninsular India." *The Holocene* 28: 1720-30.

Stott, L., K. Cannariato, R. Thunell, G. H. Haug, A. Koutavas, and S. Lund. 2004. "Decline of surface temperature and salinity in the western tropical Pacific Ocean in the Holocene epoch." *Nature* 431: 56-59.

Svendsen, J. I. and J. Mangerud. 1997. "Holocene glacial and climatic variations on Spitsbergen, Svalbard." *The Holocene* 7: 45-57.

Tan, L., Y. Cai, H. Cheng, L. R. Edwards, Y. Gao, H. Xu, H. Zhang, and Z. An. 2018. "Centennial-to decadal-scale monsoon precipitation variations in the upper Hanjiang River region, China over the past 6650 years." *Earth and Planetary Science Letters* 482: 580-90.

Toth, L. T. and R. B. Aronson. 2019. "The 4.2 ka event, ENSO, and coral reef development." *Climate of the Past* 15: 105-19.

Vovine, A. 2013. "From Koguryŏ to T'amna: Slowly riding to the South with speakers of Proto-Korean." *Korean Linguistics* 15: 222-40.

Wang, Y., H. Cheng, R. L. Edwards, Y. He, X. Kong, Z. An, J. Wu, M. J. Kelly, C. A. Dykoski, and X. Li. 2005. "The Holocene Asian monsoon: Links to solar changes and North Atlantic climate." *Science* 308: 854-57.

Wanner, H., L. Mercolli, M. Grosjean, and S. P. Ritz. 2015. "Holocene climate variability and change: A data-based review." *Journal of the Geological Society* 172: 254-63.

Wanner, H., O. Solomina, M. Grosjean, S. P. Ritz, and M. Jetel. 2011. "Structure and origin of Holocene cold events." *Quaternary Science Reviews* 30: 3109-23.

Weiss, H. 2015. "Megadrought, collapse, and resilience in late 3rd millennium BC Mesopotamia, HW Arz." in *2200 BC-A climatic breakdown as a cause for the collapse of the Old World?*, 35-52. eds. R. Jung, H. Meller, and R. Risch.

_____. 2016. "Global megadrought, societal collapse and resilience at 4.2–3.9 ka BP across the Mediterranean and west Asia." *PAGES* 24: 62-63.

_____. 2017. *Megadrought and Collapse from Early Agriculture to Angkor.* New York:

Oxford University Press, 331.

Whitman, J. 2011. "Northeast Asian linguistic ecology and the advent of rice agriculture in Korea and Japan." *Rice* 4: 149.

Williams, M. 1987. "Sauer and 'Man's role in changing the face of the earth'." *Geographical Review*, 218-31.

Xu, D., H. Lu, G. Chu, L. Liu, C. Shen, F. Li, C. Wang, and N. Wu. 2019. "Synchronous 500-year oscillations of monsoon climate and human activity in Northeast Asia." *Nature communications* 10: 4105.

Zhao, Y., Z. Yu, and C. Zhao. 2010. "Hemlock (Tsuga canadensis) declines at 9800 and 5300 cal. yr BP caused by Holocene climatic shifts in northeastern North America." *The Holocene* 20: 877-86.

제3장

기후변화와 사회적 대응: 에너지 전환을 중심으로

신범식

I. 기후변화의 도전과 대응

21세기 들어 글로벌 위기에서 자연환경의 요인들이 전반적으로 확대되는 추세를 보이면서 다면적 신흥 이슈들이 부각되고 있다. 2020년 세계경제포럼(World Economic Forum: WEF)이 발간한 위험성 분석 보고서에서는 기후변화 대응 실패, 이상기후, 자연재해가 상위에 자리 잡았다(World Economic Forum 2020). 이러한 자연환경적 요소가 기존의 비자연환경적 요소와 연계될 때 위험성의 시너지 효과가 증폭되며 위험성이 현실화될 경우 새로운 안보 문제의 '창발'로 이어질 수 있다는 것이 기존의 연구에서 지적된 바 있다(신범식 외 2018, 358). 그러나 기존의 연구에서는 신흥 이슈의 복합적인 특성에 집중하고 있기 때문에 문제가 발생하는 사회 내부의 동학에 대한 연구는 본격적으로 이루어지지 않고 있다. 비자연환경적 위험 요소의 중심에는 사회적 불안정성이 자리 잡고 있어 신흥 글로벌 리스크를 이해하기 위해서는 자연환경적 요인뿐만 아니라 외부 자극으로 인한 사회변동에 주목할 필요가 있다.

이 장에서는 기후변화에 대응하기 위해 가장 시급하고 사회적 수용성 문제가 예상되는 에너지 전환을 중심으로 사회변동을 살펴보고자 한다. 기후변화에 대응해 이미 다수의 국가들이 신재생에너지의 도입을 확대하고 그린뉴딜과 같은 친환경 산업을 통한 저탄소녹색성장 정책을 수립함으로써 탄소 감축은 물론 대기 질과 에너지 자립도를 개선하고자 하고 있다(에너지경제연구원 2019b, 9). 또한 신재생에너지로의 전환은 기후변화에 대한 대응을 공약으로 내세운 미국의 바이든 행정부가 출범한 이후 모멘텀을 얻어 다시 본격적으로 추진되고 있는 상황이다. 특히 유럽연합과 미국은 이산화탄소 배출 규제가 느슨한 국가에 대해 탄소국경조정제도라고도 불리는 탄소국경세를 부과하는 이 니셔티브를 추진함으로써 온실가스 감축에 나서고 있어 시급한 대응 이 필요하다. 이러한 신기후체제의 흐름 속에서 에너지 전환은 불가피 한 과제가 되었으며, 에너지 전환을 위한 다양한 도전과 사회적 문제 를 해결해야 하는 상황에 놓여 있다.

기후변화의 위험성과 대응의 시급성은 기후변화에 관한 정부 간 협의체(IPCC)를 비롯한 유수의 연구에서 지적되고 있다. 2018년에 IPCC에서 발간된 특별보고서 「지구온난화 1.5°C」는 지구 평균기온 이 1.5°C 상승하는 것이 미칠 영향을 분석하면서 기후변화가 더 돌이 킬 수 없는 재앙이 되기 전까지 약 12년이 남았다고 지적했다(IPCC 2018). 기후변화에 대한 경고에 대응하여 국제사회는 1992년 리우데 자네이루에서 개최된 회의에서 유엔기후변화협약을 체결하고 매년 당 사국 총회를 개최해서 기후변화에 적응하고 그것을 완화하기 위한 논 의를 진행해왔다. 기후변화협약을 체결할 당시 "공동의, 그러나 차별 화된 책임(common but differentiated responsibility)"이라는 기조하에 경제개발 수준[1]에 따라 온실가스 배출에 역사적 책임이 있다고 여겨지 는 선진국과 시장경제 전환국가를 '부속서 I 국가'로 분류하고 나머지 개발도상국들을 '비부속서 I 국가'로 분류했다. 이후 1997년 교토에서 개최된 제3차 당사국 총회에서는 부속서 I 국가들의 온실가스 감축 목 표치를 규정한 교토의정서가 체결되었다. 2005년 교토의정서 발효 요 건[2]이 충족되면서, 당사국들은 제1차 감축공약기간(2008~2012년) 동

---

1 1992년 기준 OECD 회원국인지의 여부에 따라 선진국과 개발도상국으로 분류되었다. 한국은 당시 OECD 회원국이 아니었기 때문에 비부속서 I 국가로 분류되었다.

2 교토의정서를 협약 회원국 55개국 이상이 비준하고 여기에 1990년 이산화탄소 배출의 55%를 차지하는 부속서 I 국가가 포함되어야 한다는 요건이 충족되어야만 교토의정서 를 발효할 수 있었다.

안 총 온실가스 배출량을 1990년 수준 대비 평균 5.2% 감축하기로 했다(UNFCCC).

2020년 교토의정서가 만료됨에 따라 2015년 제21차 유엔 기후변화협약 당사국 총회에서 채택된 파리협정이 기후변화에 대한 대응의 기본 틀로 작동하는 신기후체제가 출범했다. 파리협정으로 세계 각국은 평균기온의 상승을 산업화 이전 대비 2°C 내지는 1.5°C로 제한하고 자발적인 국가온실가스감축목표(Nationally Determined Contributions: NDC)를 제출하기로 합의했다. 부속서 I 국가들에 한해 법적 구속력이 있는 감축 목표를 규정한 교토의정서와 달리, 파리협정은 모든 회원국이 참여하되 법적 구속력이 없는 감축 목표를 자발적으로 설정하는 구도를 채택했다.

2016년 기준 전 세계 온실가스 배출의 약 73%가 산업용 및 가정용 에너지 소비와 수송 분야를 포괄하는 에너지 부문에서 발생했다는 것을 감안했을 때 신재생에너지[3]로의 전환은 기후변화 대응의 성공

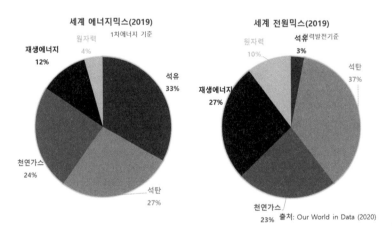

그림 3-1. 2019년 전 세계 에너지믹스와 전원믹스

을 좌지우지할 만큼 크나큰 중요성을 지닌다(Ritchie and Roser 2021).
2019년 전 세계 전력발전원은 석탄 37%, 재생에너지 27%, 천연가스
23%, 원자력 10%, 석유 3% 순으로 구성되었으며, 1차 에너지 소비의
경우 석유가 33%를 차지하고 나머지로 석탄 27%, 천연가스 24%, 재
생에너지 11%, 원자력 4%순으로 구성되었다(Ritchie 2021). 빠르게
진행되고 있는 지구온난화 현상은 화석연료 에너지에 절반 이상을 의
존하고 있는 지구의 에너지믹스에 대한 패러다임적 변화를 요구하고
있다.

　이 장에서는 에너지 전환의 필요성과 기본 방향을 자세히 살펴보
고 신기후체제에 따른 주요국의 에너지 전환 정책을 분석한다. 또한
다양한 사회적 스케일에서 일어나는 에너지 전환을 추적한 후 이러한
변화로 수반되는 사회적 쟁점과 앞으로의 과제를 제시한다.

II. 에너지 전환의 과제와 기본 방향

에너지 전환이란 에너지 체제의 구조적인 변화를 꾀하는 것으로, 기후
변화와 그로부터 파생하는 다면적 도전에 조응하여 온실가스 배출량
을 줄이기 위해 에너지 사용의 절대량을 줄이거나 효율을 향상시키고
석탄, 석유, 천연가스와 같은 화석연료에서 태양광과 풍력 등 친환경
재생가능에너지에 기반한 지속 가능한 에너지 체제를 구축하는 것이

3　신재생에너지는 수소 및 산소의 화학반응을 이용하거나(즉, 연료전지, 수소에너지) 화석
　연료를 변화시켜(즉, 석탄액화/가스화) 전기나 열을 생산하는 신에너지와 물, 바람, 태양
　과 같은 재생원을 변화시켜 이용하는 재생에너지(즉, 태양광 열, 조력, 지열, 수력, 풍력, 바
　이오 등)를 포괄하는 용어이다.

다. 에너지 전환의 필요성은 기후변화로 인한 현상이 심해지고 지구의 미래에 대한 염려가 확산되면서 나날이 증가하고 있다. 온실가스가 지속적으로 쌓임으로써 지구온난화와 사막화가 가속화하고 극심한 가뭄이나 호우와 같은 이상기후현상이 발생하며 해수면이 상승하는 원인이 되고 있다. 기후변화에 관한 정부 간 협의체는 지구 평균기온이 상승할수록 이상기후현상이 더욱 빈번해지고 강해질 것으로 보고 있으며(IPCC 2018), 감축 조치가 이루어지지 않는 최악의 대표농도경로 시나리오(RCP8.5)에 따라 지구 평균기온이 산업화 이전 대비 최대 5°C까지 오를 수 있다고 전망했다(Collins et al. 2013).

기존의 RCP 시나리오에서 사회·경제적 요인을 보완한 공통사회경제경로(SSP)에 기반한 연구들 또한 마찬가지로 감축 조치가 이루어지지 않고 지금의 추세가 유지된다면 2100년도 지구 평균기온이 산업화 이전 대비 3°C에서 최대 5°C까지 이를 수 있는 것으로 분석하고 있다(Riahi et al. 2017). 한반도의 경우 에너지 전환에 실패한 고탄소 시나리오(SSP5-8.5)에서 2100년경 현재(1995~2014년) 대비 최대 7°C가 상승하는 반면 친환경 에너지가 활성화된 저탄소 시나리오(SSP1-2.6)에서는 3°C 상승에 그칠 것으로 전망된다(국립기상과학원 2020, 22). 한국 주변 해역의 해수면의 경우 온실가스 감축 정책이 중간 단계로 실현될 때 51cm 상승하는 반면 현재 수준으로 배출이 지속된다면 최대 73cm까지 상승할 것으로 예측된다(국립해양조사원 2021).

기후변화의 영향은 인간의 삶과 밀접한 다양한 영역까지 심화하고 있다. 기후변화로 인한 폭염과 혹서, 자연재해로 인한 질병과 사망이 증가하고 이것이 말라리아와 같은 감염병과 수인성 질병이 발생하는 지역의 변화로 이어지면서 인간의 건강이 크게 위협받는 것으로 나타났다(홍윤철 2008, 766). 기후변화는 동식물의 개체 수와 행동 등 전반적인 생태계에도 영향을 미치고 있으며, 그에 따라 식량 생산의 변화로도 이어지고 있다. 예를 들어, 평균기온이 $1\,^\circ C$ 상승할 때마다 옥수수 수확량은 7.4% 감소하고 쌀 수확량은 3.2% 감소하는 것으로 나타났다(Zhao et al. 2017, 9327). 또한 해수면이 상승함에 따라 갠지스 삼각주 및 메콩 삼각주의 주요 농작지가 수몰될 가능성이 커지면서 식량 보급에도 지대한 영향을 미치고 있다. 기후변화는 자연생태계뿐만 아니라 정상적인 도시 기능에도 영향을 미친다. 빈번해지는 자연재해와 질병의 패턴 변화에 대응하지 못한 도시들은 위험에 더욱 노출되며, 해수면이 상승함에 따라 도시가 침수되면서 인구이동도 불가피해질 것이다. 한 연구에서는 지구 평균기온이 $4\,^\circ C$ 상승할 경우 아시아의 주요 메가도시인 상하이와 뭄바이, 그리고 하노이의 토지 절반이 침식될 수 있다고 전망한다(Climate Central 2015, 6).

기후변화가 미칠 영향에 대응하기 위해 2021년부터 적용되는 파리협정의 신기후체제는 개발도상국을 포함한 유엔기후변화협약의 모든 당사국이 참여하는 체제로, 당사국이 기여 방안을 스스로 결정하는 상향식 접근법을 채택하여 국가온실가스감축목표를 통해 각국의 사회·경제적 여건과 능력을 고려한 기여 방안을 추구한다. 파리협정 이후 출범한 신기후체제하에서 온실가스를 감축하기 위해 기존 에너지 정책의 근본적인 패러다임을 전환하는 것이 요구됨으로써 고효율에너지 및 신재생에너지 시대가 개막되었다. 또한 그에 따라 새로운 에너지믹스 전략의 수립이 불가피해지고 국가별 및 지역별 협력이 가속화되고 있다. 이에 따라 에너지믹스 전략을 재구성하고 그에 따른 새로운 에너지 안보 전략을 수립하는 것이 요청되고 있다.

이러한 상황 속에서 에너지 전환을 위한 노력의 기본적인 방향은 에너지의 근원인 태양에 주목하는 것이다. 석탄, 석유, 천연가스도 결국 '화석화된 햇빛'의 한 형태이지만 온실가스를 비롯한 다양한 오염 물질을 많이 배출하고 미세먼지와 같은 대기오염의 주범이기 때문에 깨끗하고 무한한 태양에너지가 에너지 전환의 대표적인 에너지로 주목받고 있다. 특히 태양광발전은 태양전지의 효율성을 높이는 기술이 발전하고 태양광에너지 발전의 가격 경쟁력이 높아짐에 따라 성장세가 두드러지게 나타나고 있다. 이미 중국을 비롯한 대부분의 유럽 국가들에서는 태양광에너지의 발전 단가가 화석연료 발전보다 동일하거나 값이 싸지는 지점인 '그리드 패리티(Grid Parity)'에 도달함에 따라 에너지 전환이 빠르게 일어나고 있다.

에너지 전환은 태양광뿐만 아니라 지구상에 유동하는 풍력, 조력, 수력, 지열과 같은 신재생에너지의 친환경적인 발전을 통해서도 이루어지고 있다. 2019년 재생에너지 발전량 중 60%는 수력발전을 통해 이루어졌으며, 풍력발전이 20%, 태양력발전 10%, 나머지가 10%를 차지했다(Ritcie and Roser 2021). 그동안 기후나 지리적 입지에 따라 풍량자원이나 수자원이 풍부하고 기반 조건이 갖추어진 지역에서는 풍력발전과 수력발전을 통해 에너지가 꾸준히 공급되어왔지만 최근 들어 더더욱 신재생에너지의 기술 발전과 상용화로 경제성 있는 발전(發電) 체제가 확산되고 있다. 특히 2010년 중반부터는 북해 인근 유럽 국가들의 주도로 풍력발전에 필요한 터빈 기술이 발전하고 해상 풍력 발전설비가 증가하고 있다. 가장 많은 원전이 있는 프랑스와 가장 많은 원전을 지으려는 중국도 풍력발전에 커다란 투자를 하고 있으며, 덴마크는 북해 인근의 해상풍력단지의 전력을 모으고 수급하는 허브 역할을 맡을 최초의 인공 에너지섬 건설 계획을 발표하며 2050년에 넷제로(net zero)를 달성하기 위한 의지를 내비친 바 있다(BBC News 2021). 이에 따라 국제원자력기구(International Atomic Energy

Agency: IEA)는 해상풍력발전의 가격 경쟁력이 10년 안에 화석연료와 태양광을 웃돌고 동력용량은 2040년까지 15배 증가할 것으로 전망하고 있다(IEA 2019, 12-13).

　에너지 전환은 재생에너지의 비중을 확대하는 동시에 화석연료 및 원자력 발전설비와 소비를 축소하는 방향으로 이루어지고 있다. 전 세계 석탄화력 발전설비 용량은 2018년도부터 중국을 제외하고 감소하는 추세이며, 특히 동남아시아와 남아시아를 중심으로 신규 석탄발전소 개발사업이 축소되고 있다(에너지경제연구원 2020, 1). 이에 2020년 상반기에는 석탄화력 발전설비를 증설하는 것보다 더 많이 폐쇄되면서 역대 최초로 석탄화력 설비용량이 감소했다(에너지경제연구원 2020, 1). 프랑스는 2025년까지 54GW의 풍력발전단지를 가동하여 원자력발전의 비중을 줄일 예정이고(European Commission 2020a, 42), 중국은 2020년 72GW에 달하는 풍력발전 설비용량을 추가로 설치했으며 풍력발전량이 이미 원자력발전량을 넘어섰다(Global Wind Energy Council 2021). 에너지 정책은 탄소배출 감축뿐만 아니라 에너지 안보를 해치지 않는 선에서 수립되어야 하므로 이중 목표의 적정화 과제를 안게 된다(Smil 2003).

　기후변화에 대응해 국내외 시민사회와 기업들도 에너지 전환에 목소리를 높이고 있다. 미국의 환경운동단체인 '시에라 클럽(Sierra Club)'은 가교 에너지로 흔히 언급되는 천연가스의 이산화탄소 배출량이 석탄 대비 50%에 불과하지만 생산, 운반, 보관 과정에서 다량의 메탄가스가 배출되어 기후변화에 악영향을 끼칠 수 있기에 탈화석연료의 대상으로 인식하고 2030년까지 미국 내 석탄화력발전소를 모두 폐쇄하기 위한 운동을 추진하고 있다. 그 밖에 그레타 툰베리(Greta Thunberg)를 비롯한 전 세계 청소년들은 등교 거부 캠페인과 국가기관을 상대로 한 소송을 통해 온실가스 감축을 요구하고 있다.

　자산운용사를 비롯한 다수의 기업들도 화석연료의 '좌초자산화'[4] 징조가 빠르게 나타남에 따라 수익성이 떨어진다고 판단되는 석탄발전소에 대한 투자를 중단하거나 줄이는 한편 환경 기술과 사업에 대한 투자 비중을 늘리는 '탈석탄 금융'을 실천함으로써 화석연료로부터의 탈피에 동참하고 있다. 또한 국내외 주요 기업들은 전력 사용을 100% 재생에너지로 대체하겠다는 'RE100'을 선언하고 있으며, 환경, 사회적 가치, 지배구조를 고려하는 ESG 경영이 산업계와 금융계에서 새로운 규범으로 자리 잡고 있다. 또한 한국, 미국, 유럽 등 주요 국가에서는 주식회사들의 ESG 관련 정보 공개를 의무화하는 시도가 이루어지고 있다.

　기후변화에 대한 대응을 요구하는 목소리가 높아짐에 따라 각국 정상들은 탄소 배출량과 흡수량이 동일해지는 상태인 탄소중립(넷제로) 달성을 선언하는 등 기후변화에 대한 대응 의지를 표명하고 있다. 중국, 일본, 한국 동아시아 3개국은 2020년에 들어 차례로 탄소중립을 선언했으며, 한국의 경우 2050년까지 넷제로를 달성할 것을 선언했다. 탄소중립을 실질적으로 이행하기 위해서는 에너지 전환의 방향과 에너지 효율성을 최대화할 수 있는 정책에 대한 합의가 도출되어야 하므로 산업계의 노력과 함께 국가 간 협력이 요구되고 있다. 이외에도 배출권거래제의 활성화와 정의로운 에너지 전환을 위해서 선진국뿐만 아니라 개발도상국의 에너지 체제에 초점을 맞춘 파트너십 및 솔루션과 석탄산업 종사자들의 피해를 최소화하기 위한 조치가 요구되고 있다.

4　시장의 변화로 기존에 경제성이 있다고 판단해서 투자되었던 자산의 가치가 하락하고 부채가 되어버리는 것을 의미한다.

III. 주요국의 에너지 전환 정책

1. 유럽연합

유럽연합은 지난 10년간 적극적인 재생에너지 도입 및 기술개발을 통해 에너지를 전환하려는 노력을 기울여왔으며, 이를 바탕으로 현재 기후변화에 대응하기 위한 세계적인 에너지 전환을 선두에서 이끌어가고 있다. 에너지 전환은 특히 2014년 크림 위기를 계기로 동유럽과 발트국들의 에너지 보급에 대한 염려가 확산되면서 재생에너지를 통해 에너지 안보를 확보하고자 하는 의지가 강화됨과 동시에 가속화되었다. 유럽연합은 에너지를 현지에서 생산함으로써 에너지 수급의 대외 의존도를 현저히 낮추고자 2015년 에너지 정책을 유럽연합의 단위로 수립하는 '에너지연합' 비전을 발표했으며(European Commission 2020b), 에너지 안보를 확보하고 경쟁력 있는 저탄소 경제로 나아가겠다는 의지를 밝혔다(대한무역투자진흥공사 2015, 12). 2018년 유럽연합의 최종에너지 소비에서 재생에너지가 19%를 차지했는데, 이는 한국보다 15% 웃도는 수치이다(Eurostat 2021).

2019년 12월 유럽연합은 '유럽 그린딜'을 발표하면서 2050년 탄소중립을 선언한 이후 본격적으로 에너지 전환을 이행하기 위한 계획, 정책, 법의 도입을 발표하기 시작했다. '최초의 탄소중립 대륙'을 목표로 한 유럽 그린딜에서는 2050 탄소중립 목표를 달성하기 위해 에너지, 산업, 교통 등의 전 사회적 분야에서 전환을 이루기 위한 전반적 기조와 로드맵을 제시했다. 또한 추후 유럽연합은 에너지 전환과 관련해 보다 자세한 내용을 담은 '에너지 시스템 통합전략'과 '수소전략'을 발표했다(European Commission 2020b). 에너지 시스템 통합전략은 운송, 산업, 가스, 건물 등의 각종 부문별로 다르게 운영되는 시스템을 보다 유기적인 연계와 순환이 가능한 구조로 재구성함으로써 에너지 효율성을 높이겠다는 전략이다. 이 전략은 주변 공장에서 생산된 열로 주변 시설의 난방을 가동하거나 기존에 버려지던 데이터 센터의 폐열이나 폐수 처리장에서 생산된 에너지를 재사용함으로써 지역 에너지원을 보다 효율적으로 사용하고 전기화를 확산하며 수소 및 청정연료를 사용하는 것을 촉진하는 것을 주요 내용으로 삼고 있다. 또한 유럽연합은 수소가 전기화에 적합하지 않은 부문의 전력 공급과 가변적인 재생에너지의 흐름에 균형을 맞출 수 있다고 인식하고 재생에너지에 기반한 수소를 개발하기 위해 투자 유치와 각종 협력을 계획하고 있다.

그러나 유럽연합의 모든 에너지 전환 정책이 국제사회에서 각광을 받고 있는 것은 아니다. 유럽연합은 그린딜의 일환으로 2023년까지 탄소배출이 많은 수입품에 대해 탄소국경세를 부과하겠다는 계획을 명시해왔다. 이에 러시아, 중국, 인도네시아를 비롯한 국가들은 탄소국경세의 부과가 보호무역주의적 조치라고 비판하며 보복에 대한 경고를 날린 바 있다. 그럼에도 불구하고 유럽연합 집행위원회는 2030년까지 1990년도 수준 탄소배출량의 55%를 줄인다는 목표를 달성하기 위해 입법안 '핏포 55(Fit for 55)'[5]를 발표함으로써 탄소국경세의 도입을 추진하고 있다. '핏포 55'에 따르면, 탄소국경세는 고탄소 산업이 해외로 이전되는 '탄소누출(carbon leakage)'을 막기 위해서 도입되며 2026년부터 단계적으로 적용될 예정이다. 탄소국경세 이외에도 '핏포 55'는 2035년부터 이산화탄소를 배출하지 않는 신규 차량만을 허용하

---

5   2030년까지 유럽연합의 탄소배출량을 1990년도 대비 55%로 삭감하기 위해 유럽연합 집행위원회가 제시한 열두 가지 입법안을 담은 패키지를 지칭한다.

표 3-1. 유럽연합의 그린딜 정책 중점 추진 분야

분야	주요 내용
그린 모빌리티 (지속가능한 운송)	• EU는 운송부문의 탄소배출 규제를 강화하고 친환경 운송수단 개발 장려 • '25년까지 저탄소배출 차량 1300만 대 보급 및 전기차 및 소수차 충전소 100만 개 설치 추진 • EU 회원국별로 친환경차 보급 확대를 위한 대양한 세제 혜택과 구입 보조금 지원
재생에너지	• 재생에너지 이용율 '30년 33.7%까지 확대 • 해상풍력 발전용량을 '30년 60GW이상, '50년까지 300GW로 확대 • 수소경제 활성화 및 청정수소 개발('30년까지 수전해 설비 구축에 260억~440억 유로 투자)
건물 에너지 효율화	• 건물의 에너지 성능(효율성)을 향상키 위한 건축 에너지요건을 강화 • 기존 건물의 에너지 성능을 개선하기 위한 건물 개조 사업(Renovation Wave)을 추진('30년까지 3500만 채 건물 개조)
청정 및 순환 경제	• 철강, 화학, 전력 등은 물론 산업 전반의 생산공정에서 자원 사영의 효율화 폐기물 감축 등을 추진 • 녹색공공조달제도(GPP)를 통해 녹색시장 육성

출처: KOTRA(2020. 12); 산업경제리서치.

는 제도와 2030년까지 에너지믹스의 신재생에너지원 비중을 40%로 늘리는 안건 등을 담고 있다(European Commission 2021).

유럽연합 중에서도 독일은 2010년 '에너지 구상'을 통해 온실가스 배출 감축과 재생에너지 보급을 확대하기 위한 로드맵을 제시한 이후 「통합에너지법」을 비롯한 법안의 제정 및 개정과 신재생에너지 발전에 대한 보조금 지급을 통해 적극적으로 에너지 전환을 이루어나가고 있다. 「통합에너지법」은 재생에너지 및 전력망의 확대를 주 내용으로 하는 총 7개의 법과 1개의 강령을 포괄하며 2022년까지 모든 원전을 단계적으로 폐기하겠다는 내용을 담고 있다(에너지경제연구원 2019, 25). 또한 독일은 탈석탄위원회를 설치하여 화력발전소의 순차적인 폐쇄 일정과 보상에 대한 사회적 합의를 이끌고 있으며, 탈석탄위원회의

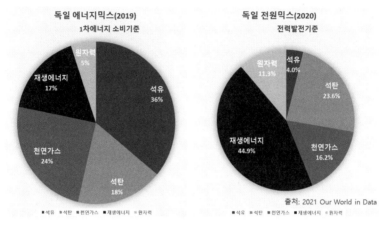

그림 3-2. 독일의 에너지믹스와 전원믹스

권고에 따라 2038년까지 완전한 탈석탄을 이행하기로 결정했다. 이 밖에도 앙겔라 메르켈(Angela Merkel) 4기 정부는 재생에너지 경매제도와 육상풍력을 비롯한 재생에너지 설비를 증설하는 것을 추진하고, 신재생에너지원의 전력 소비 비중을 지금의 약 45% 수준에서 2030년까지 65%로 확대하고 최종에너지에 대한 비중을 30%까지 늘리기로 했다(에너지경제연구원 2019, 44).

2. 일본

액화천연가스(LNG) 최대 수입국인 일본의 에너지 전환은 재생에너지의 비중을 확장함과 동시에 기존에 사용하던 원자력을 확대하는 한편 석탄발전을 단계적으로 축소함으로써 에너지의 공급 안정성과 안전성을 높이는 방향으로 이루어지고 있다. 1973년 석유파동을 겪으면서 일본은 '선샤인 계획'을 통해 본격적으로 석유를 대체할 에너지원의 개발을 추진하기 시작했다. 이후 1990년부터 일본의 태양광에너지의 비용이 줄어들고 설치 과정을 단순화하는 법안과 보조금 제도가 마련되면서 2000년에는 330MW에 달하는 태양광 설비용량이 설치되기도 했다.

2011년 후쿠시마 원전사고 이후 일본 사회 내에서 원자력을 대체할 에너지에 대한 요구가 거세지자 일본 정부는 LNG의 설비와 발전량을 높이기 시작했다. 이를 위해 2012년 7월부터 발전차액지원제도(Feed-in-Tariff)를 도입하여 정해진 가격에 재생에너지 발전을 통해 생산된 전력을 기업들이 사도록 하고 차액을 정부가 지불함으로써 수익을 어느 정도 보장하여 재생에너지 시장을 활성화하기 위한 노력을 경주했다(Shiroyama 2021). 그 결과 2021년 4월 기준 일본의 누적 설비용량은 태양광이 67GW에 달한 반면 풍력은 4GW에 그쳤다(IRENA 2021). 풍력발전의 비교적 저조한 용량은 오랜 설치 기간과 환경평가 및 주민수용을 필요로 했기 때문인데, 이에 일본경제단체연합회는 해상풍력발전을 촉진하기 위한 정책을 일본 정부에 제출하기도 했다(Shiroyama 2021).

2011년 후쿠시마 원전사고를 겪은 이후로 에너지의 자급도와 안정성 문제는 환경적 고려 및 경제적 효율성과 함께 일본의 에너지 정책의 핵심적인 기조(3E+S[6])로 자리 잡았으며, 이는 2018년 발표된 5차 에너지기본계획에도 나타난다. 5차 에너지기본계획에 따르면, 일본은 재생에너지뿐만 아니라 원자력과 천연가스의 이용을 통해 안정적인 에너지 수급 구조를 확보하고자 하고 있다. 2030년까지 에너지믹스(1차 에너지 기준)의 재생에너지 발전 비중 목표를 13~14%,

---

6   Energy security(에너지 안보), Economic efficiency(경제적 효율성), Environmental protection/suitability(환경보호/적합성), Safety(안정성)를 의미한다.

석유 30%, 석탄 25%, 천연가스 18%, 원자력 10~11%, 액화석유가
스 3%로 설정했으며, 전원믹스의 경우 재생에너지 22~24%(수력 약
9%, 태양광 7%, 풍력 1.7%, 바이오매스 약 4%, 지열 약 1%), 천연가
스 27%, 석탄 26%, 원자력 20~22%로 설정했다(에너지경제연구원
2019, 81-88). 한편 유엔기후변화협약에 제출한 2030 국가온실가스감
축목표로 일본은 2013년 대비 26% 감축과 2050년까지 80% 감축을
제출했다.

아베 신조(安倍晋三) 내각부하에서 일본의 에너지 전환은 재생에
너지를 주요 에너지원으로 삼기보다는 에너지 자급도의 제고를 주요
목적으로 하고 화석연료와 원자력의 비중을 재생에너지와 함께 균형
을 맞추는 방향으로 설정했다. 따라서 재생에너지 발전을 위한 기술
개발을 추진함과 동시에 기존의 석탄발전과 원자력발전의 효율을 개
선하기 위한 정책을 수립하고 천연가스를 과도기적 에너지로 활용하
고자 했다. 2020년 석탄화력발전소는 총 12기가 가동되었으며 15기
는 원전 대체 발전을 위해 건설 중이다(KEMRI 2020). 일본 정부는 온

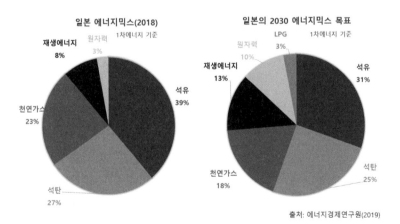

출처: 에너지경제연구원(2019)

그림 3-3. 일본의 에너지믹스(2018년)와 2030 목표

실가스를 감축하기 위해 재생에너지의 비중을 서서히 늘리는 것과 동시에 효율성이 떨어지는 노후 석탄발전소 100기를 단계적으로 폐기하고 신규 건설을 억제하기 위한 환경평가를 강화하기도 했다(KEMRI 2020).

원자력발전의 경우 2021년 4월 기준 원전 33기가 운영 중이며 이중 9기가 적합성 심사를 통과한 후 안전 대책 공사, 지역 동의, 사용전 검사 과정을 거쳐 재개되었다(에너지경제연구원 2021, 13). 또한 일본 정부는 천연가스를 수소에너지의 근원으로 판단하여 온실가스 배출을 줄이기 위한 에너지로 활용하고자 하며, 재생에너지를 확대하기 위해서 전력망의 연계성을 더욱 강화하고 재생에너지 발전 비용을 낮출 태양광 기술개발을 추진하고자 한다(에너지경제연구원 2019, 83-85).

2020년 스가 요시히데(菅義偉) 총리가 취임한 이후 일본은 2050년까지 탄소중립을 선언하고 내각부하에 기후대응팀을 결성함으로써 탄소 감축 노력을 경주하기 시작했다. 2020년 10월 스가 총리가 연설을 통해 탈탄소사회로의 이행이 경제적 성장과 연결된다는 점을 제창한 이후 경제산업성은 '녹색성장전략'을 발표하고 에너지, 운송, 제조, 주거 등을 포괄하는 14개 부문을 중심으로 세부 이행방안을 마련해나갈 것이라고 밝혔다(그림 3-3). 에너지 부문에서는 해상풍력의 도입, 암모니아 연료의 실용화, 수소발전의 확대, 차세대 원자로의 개발이 포함되었으며, 해당 전략에서 참고로 제시된 2050 발전량에서는 재생에너지 50~60%, 수소 및 암모니아 연료 10%, 원자력발전 및 화력발전이 30~40%의 비중을 차지했다(에너지경제연구원 2021, 14).

표 3-2. 일본의 녹색성장전략 14개 부문

에너지 부문	운송/제조 부문	주거/회사 부문
해상풍력: 2030년까지 10GW, 2040년까지 30-45GW 도입	모빌리티와 배터리: 전기차, 차세대 배터리, 연료전지차 (FCV)	집과 빌딩: 차세대 태양광
	반도체와 인터넷 기술: 데이터 센터, 고효율 반도체	
암모니아 연료: 실용화 추진, 암모니아의 연소 및 관리 관련 국제표준화 주도	해양: 연료전지/전기동력/가스동력 선박,	자원 순환: 바이오 소재, 재활용 소재, 폐기물을 활용한 에너지 발전
	물류와 이동 인프라: 스마트 수송, 드론, 연료전지 개발머신	
수소발전: 2030년까지 최대 300만 톤으로 확대, 수소 공급 및 발전 비용 감축	음식, 농업, 산림, 어업: 스마트 농업, 목재 고층건물, 푸른 탄소	라이프스타일 산업: 지역 탈탄소 비지니스
	항공: 전기수소 하이브리드 비행기	
원자력: 원전 재가동 추진, 소형모듈원전 등 차세대 원자로 개발 지원	탄소 재활용: 콘크리트, 바이오 연료, 플라스틱	

출처: Ministry of Economy, Trade and Industry. "Overview of Japan's green growth strategy through achieving carbon neutrality in 2050." January 2021.

핵심 정책으로는 ① 2조 엔에 달하는 탈탄소화 기술 연구 및 개발 기금을 창설하여 해당 기술을 개발하는 기업에 10년간 지원, ② 탈탄소화에 투자하는 기업을 대상으로 한 세금 혜택 제공, ③ ESG 투자를 늘리기 위한 장기 이자보조 펀드의 구축과 전환 금융을 위한 가이드라인 마련, ④ 수소, 해상풍력, 모빌리티, 배터리 등의 신산업 분야에서의 규제 개혁, ⑤ 개발도상국과 신흥경제국과의 공동 프로젝트를 통해 탈탄소화를 위한 솔루션, 혁신 정책, 표준화를 포괄하는 국제협력이 포함되었다(Shiroyama 2021). 2021년 6월 스가 총리는 2030년까지

2013년 대비 온실가스 46%를 감축할 것을 발표했다(Mainichi Japan 2021).

파리협정 이후 일본의 기후변화 정책은 중앙정부의 규제로 이루어지는 하향식 방식보다 지방정부, 산업 행위자, NGO, 민간단체 등으로 구성된 다양한 행위자의 행동을 통한 상향식(Bottom-up) 과정을 통해 이루어지고 있다. 예를 들어, 2018년 환경성은 자국 내의 기업들을 대상으로 기후변화로 인한 위험성과 기회를 측정하는 프로그램을 구축하여 시나리오에 대비한 가이드라인을 제작했으며, 같은 해에 '미래도시(Future City)' 이니셔티브를 도입하여 지속 가능한 발전 목표를 위한 프로그램을 운영하는 지방도시들에 보조금을 지원함으로써 일자리의 창출과 지역사회의 발전을 통해 사회적 가치를 창출함과 동시에 기후변화 및 재난에 대응하고자 하고 있다(Shiroyama 2021).

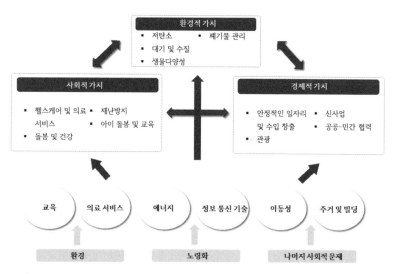

그림 3-4. 미래도시 이니셔티브

출처: 일본경제산업성(2021. 1); 세종연구소(2021). "Overview of Japan's green growth strategy through achieving carbon neutrality in 2050."

그러나 일본은 2050년까지 재생에너지의 50% 이상을 해상풍력
에 의존해야 하고 제한적 영토로 인해 무역을 통하여 글로벌 수소 네
트워크와 그리드에 접근해야 하는 과제를 안고 있다.

3. 중국

온실가스 배출 세계 1위 국가인 중국의 에너지 전환은 태양광발전 및
풍력발전 설비를 증설하여 석탄 의존도를 감축하는 방향으로 이루어
졌으며, 최근에는 에너지 전환이 전략적 신흥산업과 밀접히 연결되는
것으로 인식하여 적극적으로 추진되는 추세이다. 2010년 중반부터 중
국은 본격적으로 석탄 중심의 에너지 체제에서 탈피하기 위해 대체에
너지 확충 정책을 수립하기 시작했다. 2009년 1차 에너지 소비에서 석
탄의 비중이 72%를 차지했던 것에 반해 2019년 석탄의 비중은 58%
로 하락했으며, 석유 20%, 천연가스 8%, 수력 8%, 원자력 2%, 기
타 재생에너지가 5%를 차지했다(BP 2021). 중국에서는 2019년 기준
전 세계에서 가동 중인 석탄화력발전소의 50%를 차지하는 수치인 약
1,004GW에 달하는 석탄화력을 가동했으며, 신규 석탄화력 발전설비
개발 국가로도 1위를 차지했다(Carbon Brief 2020). 중국의 원자력발
전 또한 꾸준히 증가하여 2021년 4월 기준 총 50기의 원전이 가동 중
이며 16기의 원전을 건설 중이다(에너지경제연구원 2021, 17). 이와 동
시에 중국은 태양광발전과 풍력발전의 누적 설비 규모에서 세계적 선
두를 달리고 있다.
　　중국의 에너지 전환은 중국의 경제개발 5개년 계획인 '제13차 5
개년 규획(2016-2020)'에서 설정된 녹색발전을 일환으로 재생에너지
발전과 천연가스 및 석탄가스의 개발을 통해 비화석에너지의 비중을

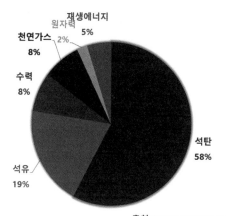

출처: BP Statistical Review of World Energy 2020

그림 3-5. 중국의 1차 에너지 소비(2019년)

제고하고 저탄소 및 순환 산업을 육성하는 방향으로 이루어졌다. 녹색 발전을 위해 중국은 동서부 지역을 잇는 전력공급 인프라를 확충하고 남부지역의 천연가스를 북부지역으로 보내기 위한 파이프라인 설비를 확대해왔다(에너지경제연구원 2017). 결과적으로 2020년 말 기준 중국의 재생에너지 누적 설비용량 규모는 수력 370GW, 풍력 281GW(육상 272GW, 해상 9GW), 태양광 253GW, 바이오매스 30GW를 기록하여 전년 대비 17.5%가 증가한 총 934GW에 달했다(에너지경제연구원 2020, 1).

2020년 9월에 열린 제75차 유엔 총회에서 시진핑(習近平) 주석은 2030년 전까지 탄소배출 최고치에 도달하고 2060년까지 탄소중립을 달성하기 위해 노력할 것이라고 선언하면서 기후변화에 적극적으로 대응할 것을 시사했다(Energiepartnerschaft 2021). 또한 중국은 2030년까지 에너지믹스(1차 에너지)의 25%를 재생에너지와 원자력으로 공급하고 전원믹스의 35~40%를 비화석연료로부터 발전한다는 목표를 설정했다(Lo 2021). 2021년 양회에서 발표된 정부업무보고에서는 2025년까지 단위 GDP당 에너지 사용량과 이산화탄소 배출량을 각각 14%와 18%까지 감소하겠다는 목표를 설정하고 탄소중립을 실현하기 위한 이행플랜 제정, 에너지구조 최적화, 탄소시장 발전 가속화 계획 등을 제시했다(대한무역투자진흥공사 2021).

2021년부터 적용되는 '제14차 5개년 규획(2021-2025)'에서는 에너지 효율성의 향상과 녹색성장을 주요 내용으로 하는 "생태문명 건설의 새로운 진보"를 6대 목표에 포함하고 신재생에너지와 친환경 자동차를 '9대 전략적 신흥산업'으로 인식하여 탄소 저감과 산업구조의 고도화를 동시에 추진할 것을 명시하고 있다(대외경제정책연구원 2020, 17-21). 중국은 이 규획에 따라 재생에너지 처리 및 저장 기술과 변방 지역으로의 전력 운송 능력을 제고하고 스마트 에너지 시스템의 조성 등을 포괄한 에너지 개혁을 추진하고자 하고 있다.

그 일환으로 중국 정부는 탄소배출권거래제의 확대 운용을 본격적으로 추진하고 있다. 탄소배출권거래제는 2011년부터 베이징, 상하이, 톈진과 같은 주요 지역에서 전략 발전 산업을 중심으로 시범적으로 운영되기 시작했으며(대한무역투자진흥공사 2021), 「탄소배출권 거래관리법(시행)」 등의 관련 법제 및 정책을 보강하는 것과 함께 2021년부터는 기존의 성(省)과 시 단위에서 운영되어온 탄소배출권거래제를 전국 단위로 통합하여 운영하고 추후 철강 및 시멘트와 같은 산업으로 확대해나갈 계획이다. 또한 중국은 에너지 이용권과 오염물 배출권 등의 거래시장을 도입하겠다는 계획을 세우고 있다.

중국은 대기오염 문제를 해결하고 탄소중립을 실현하기 위해 원자력발전을 적극적으로 활용하는 방안을 추진하고 있다. 2021년 3월 '제14차 5개년 규획(2021-2025)'에서 2025년까지 동남부 연해 지방

을 중심으로 3세대 원전 건설을 추진하여 원전의 설비용량을 70GW
로 늘릴 계획을 발표했다(한중과학기술협력센터 2021, 10). 같은 해에
정부업무보고에도 탄소중립을 실현하기 위해 원전을 신에너지 발전과
함께 적극적으로 운용한다는 계획이 명시되었으며 해상 원전('해상 부
유식 핵동력 플랫폼')을 시험 가동하는 방안도 포함되었다.

　신재생에너지의 설치용량이 빠르게 이루어지고 있는 한편 설비
부작용의 빠른 증가 속도를 따라가지 못하는 부작용도 발생하고 있다.
특히 중국은 재생에너지 설비가 일부 지역에 편중되는 불균형 문제와
기풍(棄風)·기광(棄光)[7] 문제를 겪어왔다. 이를 해소하기 위해 재생에
너지 설비의 75%가 집중되어 있는 삼북(동북, 화북, 서북) 지역과 전

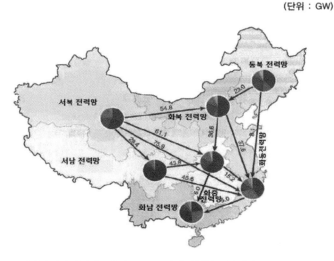

(단위 : GW)

그림 3-6. 전기화 심화 시나리오에 따른 2035 지역 간 전력 흐름 전망

출처: 산업경제리서치(2021).

7　풍력, 태양열(광) 자원으로 발전된 전력을 포기한다는 뜻으로, 수요 부족, 전력망 수용
　능력 부족, 출력 불안정 등의 이유로 과잉 공급된 전력이 낭비되는 현상을 말한다(출처:
　주시안 총영사관).

력 수요도가 높은 중동부 및 남부 지역과의 전력망 연결 및 피크 조절
능력을 강화하고 지역별 특색을 고려한 전원 설치 및 전력 거버넌스를
조정하고 역할을 강화할 방침이다(채제용 2019). 중국은 국가에너지
국(NEA)을 신재생에너지 전원개발의 관리감독 기관으로 지정하여 성
정부의 주요 전력기업이 수행해야 할 전력 이행체계를 조정함으로써
중국 전역의 전력계획을 책임지는 역할을 부여했다(에너지경제연구원
2017, 10). 중국의 19개 성은 지역별 탄소 피크 행동 방안 등 탄소배출
감축을 추진하기 위한 정책을 정립하고 있다.

4. 미국

미국의 에너지 전환은 트럼프 행정부의 파리협정 탈퇴와 화석에너지
산업 규제 철폐 정책으로 주춤세를 보이다가 바이든 대통령이 당선된
이후로 다시 재생에너지 중심의 전환이 가속화될 전망이다. 트럼프 행
정부는 2017년 '미국 최우선 에너지계획'을 발표하여 자국 내의 에너
지 자원 개발과 에너지산업 규제 철폐, 에너지 정책과 환경 정책의 동
반 추진을 주요 골자로 하는 에너지 정책을 펼쳤다. 특히 셰일 자원과
원유가스 자원을 최대한 활용하고 석탄산업의 활성화를 통해 '에너지
독립'을 이루고자 했으며 버락 오바마(Barack Obama) 정부 때 도입되
었던 규제를 해소하거나 폐지하는 조처가 내려졌다.

　　트럼프 행정부 산하에서 미국은 수압파쇄 기법을 활용한 셰일오
일과 셰일가스를 본격적으로 생산하여 원유 수출금지 정책이 철회된
2016년부터 미국산 원유와 LNG를 중남미와 아시아로 수출하기 시작
했다(유학식 2017, 5-7). 결과적으로 2019년 미국의 1차 에너지 소비
는 석유 37%, 천연가스 32%, 재생에너지 11%, 석탄 11%, 원자력 8%

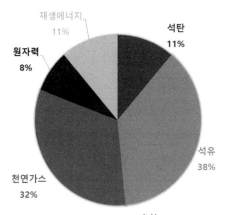

출처: U.S. Energy Information Administration

그림 3-7. 미국의 1차 에너지 소비(2019년)

순이었으며, 전력생산 발전 부문에서는 천연가스 38%, 석탄 23%, 원자력 20%, 재생에너지 17%, 석유 1%순이었다(U.S. Energy Information Administration 2021). 미국은 2021년 4월 기준 전 세계에서 가장 많은 원전인 94기를 가동 중이며 차세대 원자로를 도입하고 원전을 통해 수소를 생산하기 위해 7년간 32억 달러를 투자했다(에너지경제연구원 2021, 8). 석탄발전의 경우 전 세계의 12%를 차지하는 246GW의 석탄화력발전을 가동함으로써 중국 다음으로 2위를 차지하고 있다.

2020년 1월 바이든 대통령이 취임한 이후 미국은 국내외적으로 에너지 전환을 위한 적극적인 행보를 취하기 시작했다. 2021년 4월에 열린 기후정상회의에서 바이든 대통령은 2030년까지 2005년 배출량 대비 50%를 감축하고 2035년까지 탄소배출이 없는 전력믹스를 선언했으며 2050년까지 탄소중립을 달성할 필요성을 재차 강조했다. 또한 바이든 행정부는 기후변화가 미국의 외교정책과 국가안보의 중심이라는 점을 주지하면서 파리협정에 재가입하고 미국과 캐나다를 잇는 송유관 추가 건설 사업인 '키스톤 XL 프로젝트'를 철회했으며, "국내외 기후위기 대처" 행정명령에 서명하여 부문별 탈탄소화와 깨끗한 에너지 전환을 위한 이니셔티브를 추진할 것을 밝혔다(Federal Register 2021). 또한 이 행정명령에서 바이든 대통령은 2030년까지 해상풍력 발전을 2배로 늘리는 등 재생에너지의 생산을 대폭 늘리고 재생에너지 기술 및 인프라 개발을 위한 지원을 마련하겠다고 밝혔다.

표 3-3. 미국의 그린뉴딜 정책 중점 분야

분야	주요 내용
친환경자동차	• 캘리포니아주를 비롯한 9개 주는 무공해자동차(ZEV) 보급을 목표로 하는 프로그램 채택 • 수소차 보급 활성화를 위해 민관협력체(H2USA) 출범
재생에너지	• 전력 수요에서 풍력의 비중을 '30년 20%, '50년 35%로 확대 • 풍력, 태양광 등 그린에너지 생산을 위해 다양한 세액공제 혜택 제공
스마트시티 및 그린시티	• 스마트시티 이니셔티브(Smart City Initiative) 발표 • 뉴욕시는 '50년까지 건물 배출 온실 가스의 80%감축 추진 • LA는 '22년까지 그리드 고도화(80억 달러), 녹색 교통(매년 8.6억 달러) 투자, '50년까지 온실가스 배출 제로 목표

출처: KOTRA(2020. 12); 산업경제리서치.

바이든 대통령은 2021년 3월 말에 공개된 '미국 일자리 계획안'에서 1,740억 달러를 투자하여 친환경 차와 배터리 제조, 2030년까지 50만 대의 전기차 충전소 네트워크 구축, 학교 버스와 연방정부 관용차량의 전기화와 기후변화에 대응하기 위한 친환경 기술에 대한 기술개발 투자 등을 포함한 내용을 제안했다(백악관 2021). 이는 이후 "초당적인 인프라 투자 법안"으로 명명되었는데, 상원에서 합의 과정을 거치면서 당초에 제안되었던 기후변화 대응 예산이 대거 삭감되거나 제외되었다는 비판을 받고 있다(Leber and Irfan 2021).

IV. 한국의 에너지 전환 정책

한국의 에너지 전환 정책은 김대중 정부에서 교토의정서의 세부 이행 계획이 논의되었던 국제적 흐름 속에서 재생에너지 발전차액지원제도를 통해 개발을 지원하는 것으로 시작되었으며 노무현 정부에서 본격적으로 착수되었다. 노무현 정부는 수소 연료전지와 태양광 및 풍력 에너지 개발을 확대하기를 위한 지원 예산을 대폭 늘리고 정부조직을 개편해서 보다 적극적으로 개발과 보급을 지원하기에 나섰다(신한나 2016, 38).

재생에너지 지원 정책은 '녹색성장'을 새로운 국가 비전으로 내세운 이명박 정부에서 적극적으로 이루어졌다. 2009년에 발표된 '녹색성장 국가전략'에서 탈석유와 에너지 자립을 10대 정책 방향으로 설정하고 이를 위해 청청에너지의 보급 확대를 비롯하여 원자력 공급 능력 확충 및 에너지 저소비·고효율사회 구축 등을 세부 실천과제로 추진했다. 특히 신재생에너지 산업의 자생력과 기초 인프라를 확보하기 위해 신재생에너지 공급의무화제도의 도입과 관련된 규제 개선이 제시되었다. 이 전략에서 이명박 정부는 2030년 신재생에너지 보급률 목표를 11%, 원자력발전 설비 비중을 41%로 설정했으며, 기후변화에 대응하기 위해 원전 설비의 확대와 원자력 수출 기반의 구축 등을 추진했다(녹색성장위원회 2009, 69). 이와 같은 목표는 2010년 「저탄소 녹색성장 기본법」이 제정되면서 탄력을 받았으며 친환경 기술개발에 대한 투자가 본격적으로 이루어졌다. 2012년에는 신재생에너지 의무 할당제(Renewable energy Portfolio Standard: RPS)[8]가 도입되어 태양

---

8   발전 설비용량이 500MW 이상인 발전사업자에게 일정 비율의 신재생에너지 공급을 의무화한 제도를 말한다. 해당 업체는 신재생에너지 발전을 위한 설비를 도입하거나 신재

광발전 및 풍력발전 설비 산업이 형성되고 재생에너지 시장이 성장하기 시작했다(한재각 2020, 229).

결과적으로 2010년에 약 56MW에 달했던 태양광 시설이 3년 뒤 136MW로 증가했다는 성과가 있었지만, 이명박 정부의 녹색성장 정책은 인프라 건설 중심의 4대강 사업에 집중되어 있었던 탓에 실질적인 탄소 감축과 에너지 전환에서 뚜렷한 성과를 내지 못한 것으로 평가받고 있다. 가고림 조력발전소와 김천 풍력발전단지 건설 등을 비롯해 당초에 계획되었던 다수의 재생에너지 단지가 지역의 반대에 부딪히고 주민수용성을 확보하지 못해 무마되었다(Ha and Byrne 2018, 9). 따라서 이명박 정부 이후에도 재생에너지는 에너지믹스에서 제한적인 비중과 보조적인 위치를 차지하는 데 그쳤다.

본격적인 에너지 전환 정책의 수립과 가시적인 성과는 기후변화와 미세먼지의 해결을 전면에 내세운 문재인 정부에서 나타나기 시작했다. 문재인 정부는 임기 초반부터 탈원전 정책과 재생에너지 도입을 위한 각종 로드맵 및 정책을 추진함으로써 에너지 전환의 기반을 수립하고자 했다. 2017년에 도입된 에너지 전환 로드맵은 60년에 걸친 원전의 단계적 감축을 위해 신규원전 건설계획의 취소 및 노후원전의 수명연장 금지를 주요 내용으로 담고 있으며, 원전의 개수를 기존의 24기에서 2038년까지 14기로 감축하는 것을 목표로 설정하고 에너지 전환으로 영향받게 될 지역과 산업을 보완하기 위한 대책을 마련할 것을 계획했다.

같은 해에 발표된 '재생에너지 2030 이행계획'(그림 3-8)은 2030년까지 재생에너지 발전량 비중 목표를 20%로 달성하고 이를 위해 국민

생에너지 공급인정서를 구매하여 의무할당량을 채워야 한다(출처: 두산백과).

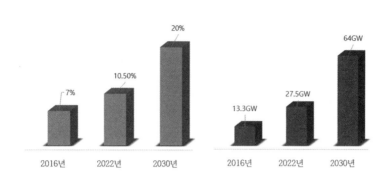

그림 3-8. 한국의 2030 재생에너지 목표

출처: 산업통상자원부.

참여를 유도하는 발전사업과 주민수용성 및 환경성을 고려한 대규모 계획단지 프로젝트 추진 방안을 담고 있다. 국민 참여를 확대하기 위해 정부는 태양광을 통한 전력 생산에 대한 전기요금 혜택을 확대하고 한시적 FIT 도입을 통해 100KW 이하 소규모 태양광 사업자의 수익을 보장해주며 신재생에너지 공급인증서(REC)의 발급 절차를 간소화하는 이행계획을 명시했다. 또한 농사와 태양광발전을 병행하는 '영농형 태양광 모델'을 도입하고 지역 재생에너지 협동조합과 시민펀드형 사업에 대한 인센티브를 제공하는 정책을 통해 보다 많은 지역에 신재생에너지 발전시설을 확보하고자 했다. 신재생에너지 발전시설을 설치하는 데 대한 주민수용성을 제고하기 위해 지자체의 주도로 부지 발굴과 마을 공모 방식을 병행한 후 개발 이익이 공유되도록 지역 기여사업을 비롯한 기여 방안이 마련되었다.

　문재인 정부는 2019년 수소경제 활성화 로드맵 및 재생에너지 산업 경쟁력 강화 방안을 발표하여 기존의 정책을 보완했으며, '제3차 에너지기본계획(2019-2040)'에서 에너지 전환의 기조를 더욱 견고히

했다. 수소경제 활성화 로드맵에서는 그린수소 생산의 기반을 구축하고 생산된 수소를 활용할 연료전지를 개발하여 기존 탄소 중심의 에너지 패러다임을 수소 중심으로 전환하고 이를 위한 연료전지 설비 구축 계획을 명시하고 있다. 5년마다 수립되어 에너지 정책의 근간이 되는 '제3차 에너지기본계획(2019-2040)'에서는 2040년까지 재생에너지 발전 비중을 30~35%로 확대하고 원자력발전의 점진적 감축과 석탄발전의 과감한 축소를 통해 "깨끗하고 안전한 에너지믹스로의 전환"을 주요 목표로 삼고 있다(산업통상자원부 2019). 이 계획에 따르면, 발전용 에너지원으로 천연가스의 활용을 늘리는 한편 수송용 에너지로서 석유의 역할을 축소하고 수소를 주요 에너지원으로 새로 정립한다. 또한 석탄화력이나 원자력 같은 대규모 시설을 필요로 하지 않는 재생에너지 발전시설의 분산 배치를 확대하고 지역 및 지자체의 역할과 책임을 강화하여 분산형·참여형 에너지 체제를 구축하는 것을 계획하고 있다. 그 밖에 부문별 수요 관리를 통해 2040년까지 에너지 소비효율을 38% 개선하고 에너지 수요를 19%로 감축하는 것을 추진하고 에너지 시장 제도의 개선과 기술개발을 통해 에너지 전환을 위한 기반을 확충하고자 하고 있다.

이에 따라 2019년 태양광 설비용량은 2016년 대비 2배로 증가했으며 재생에너지 전체 설비용량은 같은 해 9,721MW 대비 1,4817MW로 1.5배 증가했다(IRENA 2021). 2019년 에너지믹스(1차 에너지 공급)의 경우 석탄 27.1%, 석유 38.7%, LNG 17.7%, 원자력 10.3%, 신재생에너지 6.3%로 구성되었으며, 2019년 발전믹스는 천연가스 25.6%, 원자력 25.9%, 신재생에너지 7.1%, 석탄 40.4%, 석유 0.6%, 기타 0.4%였다(산업통상자원부·에너지경제연구원 2020, 17-186).

2020년 한국 정부는 파리협정에 따라 기존에 제출했던 국가온

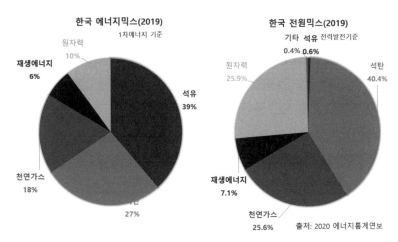

그림 3-9. 한국의 에너지믹스와 전원믹스

실가스감축목표를 갱신하여 2030년까지 온실가스를 2017년 대비 24.4%로 감축하는 것을 목표로 재설정했으며 2025년 이전에 목표를 상향하는 것을 적극적으로 검토할 것을 명시했다(환경부 2020). 또한 정부는 국가온실가스감축목표와 함께 2050년 탄소중립을 달성하기 위한 장기 비전을 담은 장기저탄소발전전략(Long-term low greenhouse gas Emission Development Strategies: LEDS)을 유엔기후변화협약 사무국에 제출했다. 장기저탄소발전전략을 제출하는 것은 파리협약에서 규정한 필수사항은 아니었으나 한국 정부는 국제사회의 노력에 동참하기 위해 학계 및 산업계의 전문가와 시민사회, 미래 세대의 의견을 종합하여 이 전략을 구성했다(대한민국정부 2020, 6).

이 전략에 따라 한국은 에너지 자립도를 개선하여 탄소중립 경제체제를 구축할 것이며 이를 위한 기본 방향으로 깨끗한 전기 및 수소의 활용 확대, 에너지 효율의 향상, 탄소 제거와 같은 미래기술의 상용화 등을 제시하고 있다. 넷제로를 달성하는 데는 친환경적인 전

력을 생산하고 활용을 확대하는 것을 비롯한 에너지 전환이 핵심요
소이며, 재생에너지 중심의 에너지 공급 체제를 구축하고 천연가스
는 재생에너지의 변동성을 보완하기 위한 전력원으로 그 역할이 바
뀔 것이 주지되고 있다. 또한 철강 및 석유화학 같은 에너지 다소비
산업으로 구성된 한국의 여건을 고려할 때 탄소 포집·활용·저장 기
술(Carbon Capture Utilization and Storage: CCUS)의 상용화가 온실
가스를 감축하기 위해 필수적인 것으로 판단되고 있다(대한민국정부
2020, 44-45).

　문재인 정부의 에너지 전환 정책은 2020년에 확산된 코로나19로
인한 경기침체 및 사회적 위기를 극복하기 위해 수립된 '한국판 뉴딜'
로 가속화되었다. 디지털 뉴딜과 그린뉴딜로 구성된 한국판 뉴딜은 총
160조 원을 투입하여 경제 기반의 디지털 혁신과 친환경 저탄소 전환
을 통해 190만 개의 일자리를 창출하는 것을 목표로 설정하고 있다(기
획재정부 2020). 특히 에너지와 관련하여 정부는 신재생에너지를 확대
하여 "석탄발전 중심의 온실가스 다배출 국가"에서 탈피해 "저탄소·친
환경 국가로 도약"하겠다는 목표를 제시하고 있다.

　이를 위해 그린뉴딜에서는 도시·공간·생활인프라 녹색전환, 저

표 3-4. 그린뉴딜 3대 분야의 8개 추진과제

도시·공간·생활인프라 녹색전환	저탄소·분산형 에너지 확산	녹색산업 혁신 생태계 구축
• 국민생활과 밀접한 공공시설 제로 에너지화 • 국토·해양·도시의 녹색 생태계 회복 • 깨끗하고 안전한 물 관리체계 구축	• 신재생에너지 확산기반 구축 및 공정한 전환지원 • 에너지관리 효율화 지능형 스마트 그리드 구축 • 전기차·수소차 등 그린 모빌리티 보급 확대	• 녹색 선도 유망기업 육성 및 저탄소·녹색 산단 조성 • R&D·금융 등 녹색혁신 기반조성

출처: 산업경제리서치.

탄소·분산형 에너지 확산, 녹색산업 혁신 생태계 구축을 3대 분야로 설정해서 에너지 전환을 통한 '그린경제'를 구축하고자 하고 있다. 특히 신재생에너지와 관련된 세부 정책으로 신재생에너지 의무할당제 비율을 2022년까지 10%로 상향하는 정책과 수소의 원천기술 개발 및 수소 도시의 조성, 신재생 설비의 설치비 지원, 해상풍력 단지의 단계적 구축 등이 포함되었다. 또한 기존 전력망의 효율을 향상시키고 분산전원을 확대하기 위해 2022년까지 실시간으로 에너지 발전 관련 정보를 전달할 수 있는 전력계량기(AMI) 500만 호를 아파트에 공급하고 통합관제시스템과 공공 에너지저장장치(Energy Stroage System: ESS)를 구축한다는 계획을 담고 있다. 녹색산업으로는 친환경 미래 모빌리티를 중심으로 전기·수소차 충전소 인프라를 보다 확충하고 노후 경유차의 조기 폐차를 지원하는 정책을 도입하며 2019년 9만 1,000대였던 전기차 보급 대수를 2025년까지 12배인 113만 대로 늘리고 수소차의 경우 40배인 20만 대를 보급하는 것을 목표를 설정했다.

2021년 7월 문재인 대통령은 기존의 한국판 뉴딜에 고용·사회 안전망을 강화하는 '휴먼 뉴딜'을 새로운 축으로 추가하고 투자 규모를 기존의 160조 원에서 220조 원으로 확대하겠다고 밝혔다. 이와 동시에 그린 모빌리티 사업을 가속화하고 탄소 저감 기술개발 등을 통해 탄소중립을 추진할 기반을 그린뉴딜 속에서 마련하며 직무 전환의 훈련 및 지원을 통해 저탄소 경제로의 공정한 전환을 이루겠다고 발표했다(청와대 2021).

V. 에너지 전환의 사회적 과제

위에서 살펴본 주요 국가들의 에너지 정책에서는 에너지 전환과 동반되는 '사회적 변동'이 잘 드러나지 않고 있지만, 인간 생활의 모든 면에서 사용되고 있는 에너지의 특성상 에너지 전환은 실질적으로 사회 전반에서 변화를 유발하게 된다. 특히 기후변화로부터 촉발된 에너지 전환은 신재생에너지에 기반한 지속 가능한 에너지 체제로의 이행을 추동하면서 기존의 체제와 상호 연계된 제도, 경제, 인간, 인프라 등을 포함한 다양한 사회적 요소들과 공진(共進, co-evolution)하게 된다. 이러한 사회적 변화는 전환이 초기 단계를 거친 후 가속화되는 과정에서 잘 드러나게 되는데, 이는 전환의 속도에 위협을 느낀 기존의 시스템과 행위자들이 기득권을 지키기 위해 저항하고 전환을 옹호하는 행위자 간의 활동과 에너지 체제와 기술 적용의 과제가 쟁점으로 부상하기 때문이다. 또한 글로벌 에너지 패러다임이 이른바 '3D'라고 하는 탈탄소화(Decarbonization), 분산화(Decentralization), 디지털화(Digitalization)의 방향으로 바뀌면서 수요 중심적 전환의 중요성이 더욱더 커지고 있다. 이러한 전환의 과정에서 사회구성원들은 객체가 아닌 주체로 작용하며 정부 이외에도 다양한 사회적 조직과 에너지 관련 기업들이 에너지 전환에 중요한 역할을 수행한다(Elezen et al. 2004; Grin et al. 2010; Smith et al. 2010). 예를 들어, 에너지 협동조합과 에너지 자립마을은 주도적으로 재생에너지를 활용하는 모델을 제공함으로써 에너지 전환의 수용성을 높이는 역할을 하고 있으며, 그 밖에 시민사회와 시민운동은 공정과 포용성의 원칙을 강조함으로써 에너지 전환에 대한 대안적인 비전을 구상하고 이행하는 행위자로 주목을 받고 있다. 특히 기후변화로 일자리를 잃을 위협을 받게 된 노동조합을 중심으로 기후변화로 인한 사회적 비용의 동등한 배분, 일자리를 잃은 노동자에 대한 보상 및 교육 프로그램의 제공 등을 내포하는 '정의로운 전환' 개념이 정립된 바 있다(한국노동사회연구소 2013). 이렇게 에너지 전환은 단순히 에너지원의 변화만을 의미하는 것이 아니라 다양한 계층의 사회적 변동을 수반한다. 따라서 이 절에서는 에너지 전환이 일어나는 사회적 수준과 관련 연구를 소개하고 에너지 전환에서 사회적 합의가 요구되는 주요 쟁점과 도출되는 과제를 제시할 것이다.

다양한 행위자와의 상호작용을 수반하는 에너지 전환이 사회에 나타나는 양상은 스케일에 따라 크게 세 가지 수준(틈새 혁신, 사회·기술 레짐, 거시적 환경)으로 구분해볼 수 있다. 첫 번째 수준인 틈새 혁신은 에너지 전환에 필요한 기술혁신이 발현되는 단계로, 기술적 틈새를 메꾸고자 하는 도전적인 프로젝트들이 쌓이고 서로 연결되면서 축적된 경험을 통하여 에너지 체제를 전환하기 위한 잠재적 요소들이 양산되는 양상이 나타난다. 가령 사회적 네트워크가 작동하는 공동체 소유의 소규모 신재생에너지 전기 체제 구축 실험 등은 이러한 대안적인 기술적 틈새에 해당하며 이에 대한 정부의 촉진 정책과 보조금 제도가 틈새 기술의 활성화에 중요하게 작용한다.

두 번째 수준은 혁신기술이 적용되는 전반적인 구조인 사회·기술 레짐으로, 새로운 틈새 기술이 기존의 행위자나 정부 정책, 에너지 시장을 구성하는 원칙과 같은 레짐 속에서 변화하거나 적용되고 배제되는 양상을 포착한다. 예를 들어, 기존의 중앙집중적이며 통제적인 에너지 체제의 비효율성이나 한계성을 극복할 수 있는 혁신기술이 개발되었을 경우 기존 에너지 체제와의 상호작용 속에서 에너지 시장이나 새로운 에너지 인프라를 포괄하는 에너지 체제를 구축할 수 있게 된다. 이와 동시에 에너지 전환으로 인해 위협을 받는 에너지, 자동차 등의 산업은 기득권을 지키기 위해 전환에 저항하는 경향을 보인다. 세 번째 수준은 틈새 기술과 레짐을 아우르는 사회·기술의 거시적 환경이다. 가령 환경주의가 문화적 가치로 자리 잡고 친환경적 지식 생산 활동이 활발해진 수준에서는 사회와 경제 전반의 환경친화적 전환이 가능하며 이 과정에서 정치적 변화, 거시경제적 구조화, 문화적 패턴의 변동과 결합된 새로운 에너지 체제의 환경이 공고화되면서 혁신된 에너지 체제의 제도화가 진행된다. 에너지 전환은 이 세 가지 수준의 현상이 서로 연결되고 강화될 때 일어난다(Geels 2005, 7427).

　21세기 에너지 전환의 시급성이 대두되면서 전환을 가속화할 방법들이 여럿 시도되고 있는 가운데 그 해답을 에너지와 사회의 관계에서 찾으려는 연구가 진행되고 있다. 이는 크게 새로운 에너지 기술, 행위자, 기존 레짐 간의 상호작용을 다루는 연구와 기술·사회 레짐의 거시적 환경에 집중하는 연구로 구분해볼 수 있다. 전자에 해당하는 연구로 배리 솔로몬(Barry Solomon)과 칼틱 크리슈나(Karthik Krishna)는 1973년 석유파동 이후 브라질, 프랑스, 미국의 사례분석을 통해 에너지 전환의 성공 요인이 사회와 밀접한 연관성을 갖는다고 주장했다. 이들의 연구에 따르면, 기존 석유에 의존적이었던 교통체계를 바이오메스 기반으로 성공적으로 바꾼 브라질과 전력 생산을 화석연료 기반에서 원자력으로 전환한 프랑스는 공통적으로 틈새 기술, 기술·사회 레짐, 거시적 환경이라는 세 가지 측면이 유기적으로 잘 작동한 반면, 미국은 대안에너지에 대한 사회적 합의가 부족하고 경로의존성과 기술 전환의 비용이 높았던 탓에 석유에 대한 외국 의존도를 국내 생산으로 전환하는 데 실패했다(Solomon and Krishna 2011).

　또 다른 연구에서는 유럽 4개국(덴마크, 오스트리아, 독일, 영국)의

에너지 협동조합이 각국의 에너지 전환에 중요한 임무를 수행했다는 점이 나타난다(Wierling et al. 2018). 대표적인 예로 1970년대에 덴마크는 에너지믹스의 80% 이상을 석유가 차지했을 만큼 석유에 대한 의존도가 높은 국가였지만 석유파동 이후 탈석탄 정책과 재생에너지 정책을 과감히 추진하기 시작했다. 결과적으로 2017년 덴마크는 전력발전의 49%를 풍력발전으로 생산하면서 대대적인 전환에 성공했는데, 덴마크의 에너지 협동조합이 신재생에너지에 대한 여론의 지지를 이끌고 풍력터빈의 가격을 내리는 데 기여한 것이 중요하게 작용했다.

1990년 이후 독일과 영국은 친환경 에너지 시스템으로의 전환을 추진해왔지만, 사회·기술 레짐과 거시적 환경의 차이로 인하여 다른 방향으로 에너지 전환을 해온 점도 흥미롭다(에너지경제연구원 2019b). 비교적 조직화된 시민사회가 존재하는 독일의 에너지 전환은 협동조합, 시민단체, 농민과 같은 시민사회와 지역 전력회사가 주도해서 소규모 재생에너지를 중심으로 이루어졌던 반면, 영국의 에너지 전환은 기존의 전력회사와 기업 행위자에 인센티브를 제공함으로써 시장 친화적인 대규모 재생에너지 설비의 설치를 확대하는 경로로 이루어졌다(에너지경제연구원 2019b, 68-69). 또한 독일이 전통적으로 강한 환경주의와 1990년대 말 녹색당의 연합정부 참여로 후쿠시마 사고 이후 탈원전 기조를 굳혔던 것과 달리, 영국은 재생에너지 시설과 신규 원자력발전소의 확대를 모두 추진했다는 점에서 대비를 이루었다. 양국의 전환 경로가 달랐음에도 2020년 기준 전원믹스를 구성하는 재생에너지 비중은 독일의 경우 45%, 영국이 42%를 차지하여 큰 차이를 보이지 않았다(Our World in Data 2021). 이러한 독일과 영국의 사례는 에너지 전환을 성공적으로 이루기 위해 사회·기술 레짐과 거시적 환경을 파악하고 이에 적절한 거버넌스를 구성해야 한다는 과제를 제시하고 있다.

　한편 거시적 환경을 다룬 펭펭 장(Pengpeng Zhang) 외의 연구는 중국의 베이징에서 에너지 전환을 추동한 사회경제적 요인과 에너지 전환의 환경적 영향을 보여주고 있다(Zhang et al. 2018). 장 외에 따르면, 베이징은 1987년부터 2015년의 기간 동안 탈석탄 및 천연가스 소비를 증진하고 중국의 다른 지역으로부터 전기를 가져오는 것으로 대표되는 에너지 전환 정책을 성공적으로 추진했는데, 이러한 정책 추진의 배경에는 석탄발전으로 야기되는 건강 문제에 대한 인식이 고양되고 사회적 압력이 고조된 사회 부문의 변화가 선행적이었다. 정연미는 자신의 연구에서 독일의 에너지 전환이 사회적 시장경제 패러다임과 환경, 경제, 사회의 균형적 발전을 지향하는 지속 가능한 이념을 수용하면서 일어났다는 점을 주장했다(정연미 2015, 91). 독일은 1990년대 초 3%대에 달하던 재생에너지의 전력발전 비중이 2014년 36%로 증가하면서 원자력 비중을 앞질렀는데, 이는 에너지 시스템과 함께 경제·사회 시스템을 지속 가능한 방향으로 전환하는 작업이 병행되었기에 가능했다고 본 것이다. 2000년 독일은 연방정부와 핵발전산업체 간의 보상 없는 합의를 통해 핵발전소의 폐쇄를 정치적으로 결정한 최초의 국가가 되었다. 이후 자민당 연합정부는 핵발전을 이용하지 않고는 이산화탄소 감축 목표를 달성하기가 어렵고 재생에너지가 경제성을 가질 때까지 핵발전을 가교기술로 활용할 것을 주장하면서 2010년 핵발전 폐쇄 정책을 폐기하고 폐쇄 시점을 2033년으로 연기했으나 후쿠시마 원전사고가 터지면서 2011년 원자력발전소 수명 연장 정책은 완전히 철회되었다. 이 같은 과정 속에서 독일 사회는 에너지 전환의 미시적, 중범위적, 거시적 조건을 지속적으로 개발해왔다.

　독일의 사례에서도 나타나듯이, 탈원전은 에너지 전환에서 사회적 합의가 요구되는 쟁점이다. 탈원전에 대한 논의는 1970년 유럽과 북미권에서 일어난 핵기술과 원전 건설에 반대하는 반핵운동으로까지 거슬러 올라간다. 반핵운동은 미국과 서유럽 국가를 중심으로 비폭력, 환경보호, 민주주의를 위한 투쟁과 연계되어 전개되었으며, 미국의 스리마일섬과 우크라이나의 체르노빌 원전사고 이후 그 규모가 더 커지는 양상을 보였다. 그러나 2000년대에 들어 원전사고의 여파가 점차 수그러들고 에너지 자립을 추진하고자 하는 국가들을 중심으로 원자력 사업은 세계적으로 부흥기를 맞았으며, 후쿠시마 원전사고가 발생하기 이전까지 세계 원전 생산량의 70%는 독일, 미국, 프랑스, 러시아, 일본, 한국이 차지했다(Hindmarsh and Priestley 2016, 3). 한편 오늘날의 탈원전 찬성론자들은 원전사고가 야기할 수 있는 환경적 피해와 원자력 폐기물 문제를 지적하고 원자력의 대안으로 신재생에너지의 경쟁성이 충분하다는 점을 강조하는 반면, 탈원전 반대론자들은 온실가스와 미세먼지를 배출하지 않는 깨끗하고 안정적인 에너지라는 점을 강조한다. 또한 최근 분산형 에너지의 패러다임과 관련해 탈원전을 반대하는 일각에서는 기존의 대형 원전을 일체화한 소형 모듈형 원자로(Small Modular Reactor: SMR)를 통해 탄소중립에 기여할 수 있다고 주장하고 있는데, 이에 대한 탈원전 찬성 측의 반박이 연이어 이루어지고 있다. 이러한 탈원전에 관한 사회적 논의는 에너지 전환이 기존의 원자력발전 레짐과 신규 틈새 기술, 그리고 신재생에너지로의 전환이라는 패러다임 속에서 이루어지고 있다는 것을 보여준다. 에너지 전환을 위해서는 전환과 함께 나타나는 이러한 사회적 변화를 반영하고 합의에 도달하기 위해 적절한 거버넌스를 구축할 필요성이 제기된다.

신재생에너지로의 전환을 가속화하기 위해 다층적 행위자만큼 중요한 것은 에너지 체계의 구조이다. 기존의 체제가 다양한 행위자의 참여에 폐쇄적인지 혹은 개방적인지에 따라 전환의 양상은 달라질 것이다. 최근 재생에너지를 확산시키기 위해 거론되고 있는 분산형 에너지는 석탄발전과 원자력발전 같은 대용량 시설에서 중앙집중형으로 에너지를 발전하는 체제에서 탈피해 민간 사업자나 에너지 협동조합 등이 에너지 수요 지역 인근의 소규모 재생에너지 시설을 통해 생산하고 판매할 수 있는 에너지이다. 대표적으로 덴마크는 1990년대 이후로 분산형 열병합 발전시설과 풍력발전시설을 전국적으로 설치함으로써 지역난방[9] 및 분산형 전원을 확대해온 국가이다. 전기와 열을 동시에 생산함으로써 에너지 효율을 극대화하는 열병합 발전소는 덴마크에서 1980년대 중반 이후로 전국 곳곳에 설치되기 시작하여 2014년 기준 주택난방 발전의 63%를 차지했다(에너지경제연구원 2016, 3). 열병합 발전소로부터 지역난방열을 공급하는 회사는 지자체, 소비자조합, 주택협회, 민간 등 다양한 주체가 소유하고 있다. 지역난방열을 생산하는 데 사용되는 연료는 1990년까지 석탄의 비중이 가장 높았지만 2000년 초부터 발전차액지원제도를 통해 인센티브를 지급함으로써 친환경 에너지를 확대한 결과 2014년 기준 지역난방열 생산 연료의 49%가 재생에너지, 24%가 천연가스였다(에너지경제연구원 2016, 6). 특히 바이오매스와 재활용되지 않는 폐기물이 연료세 면제혜택제도를 통해 주요 재생에너지원으로 활용되고 있다. 한국의 경우 '집단에너지산업'을 통해 에너지 수요지 인근에 열과 전기를 생산하는 시설을 설치하여 다수의 사용자에게 열과 전기를 일괄적으로 공급하는 정책을

---

9   세대별로 가스보일러와 같은 열 생산시설을 갖추어 도시가스를 사용하는 개별난방과 달리, 지역난방은 대규모 열 생산시설(열병합 발전소, 쓰레기 소각장 등)에서 만들어진 열을 지하에 매설된 배관을 통해 기계실로 공급하여 일괄적으로 온수와 급탕을 공급하는 난방방식을 의미한다(출처: 지식경제용어사전).

추진해왔지만 덴마크만큼 확대되지 못한 실정이다. 그러나 집단에너지는 재생열과 폐열을 활용하여 탄소 배출이 적고 에너지 효율성이 높은 만큼 분산형 에너지로서의 활용도가 높기 때문에 에너지 전환에서 주요한 과제로 떠오르고 있다.

최근에는 이러한 분산형 에너지의 장점을 활용해서 마이크로그리드를 확대하고자 하는 시도가 일어나고 있다. 마이크로그리드는 중앙전력망에 연결될 필요가 없이 분산형 에너지원을 통해 지역과 사업자가 '에너지 프로슈머(prosumer)'[10]가 되어 독립적으로 소규모 에너지의 수요와 공급을 충족할 수 있게 하는 전력망으로, 크게 일반 그리드와 통합되는 계통연계형과 그렇지 않은 독립형으로 구분된다(대한전기협회 2014). 마이크로그리드는 에너지의 자급자족뿐만 아니라 디지털화된 스마트 그리드를 기반으로 풍력발전 및 태양광발전을 비롯한 다양한 에너지원과 에너지저장장치에 연결되어 실시간으로 전달되는 에너지 수요 및 공급 정보를 기반으로 유동적으로 에너지를 사용할 수 있게 한다. 국내에서는 한국전력의 주도로 2010년 초반부터 본격적으로 가파도, 울릉도, 가사도와 같은 소규모 섬을 중심으로 마이크로그리드가 설치되기 시작했으며, 이후 도심 설치와 해외 수출로 확대되고 있는 추세이다. 한국판 뉴딜의 일환으로 2024년까지 도서지역에 마이크로그리드 전력망을 56개로 늘릴 계획이다.

분산형 전원과 관련해서 언급되는 또 다른 과제는 전력시장의 민영화이다. 이와 관련해 지역에서 생산한 에너지를 지역 내의 발전사업자가 판매하여 이익이 돌아가는 자유시장 구조에서 재생에너지를 원료로 한 전력시장을 활성화할 수 있다는 의견이 있는 한편, 오히려 전

---

10 생산자(producer)와 소비자(consumer)의 합성어로, 에너지를 직접 생산하고 소비하는 이들을 일컫는다.

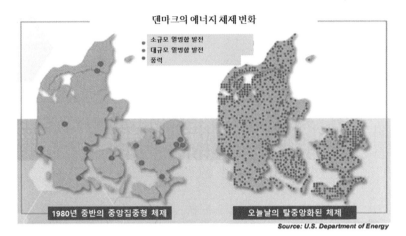

그림 3-10. 덴마크의 발전단지 분포 변화

력 배급의 불안정성과 전기료의 변동성을 심화하고 보조금을 통해 재생에너지를 확대하는 것을 방해할 수 있다는 입장도 존재한다(Witzel and Seiried 2013). 전 세계적으로 도매전력시장은 완전히 자유화된 비중이 40%, 부분적 자유화가 47%, 수직통합형이 13%로 구성되며, 소매시장의 경우 완전 자유화가 22%, 부분적 자유화가 45%, 독점시장이 33%로 도매시장보다 덜 자유화되어 있다(에너지경제연구원 2021b, 5-6). 한국은 한국전력이 발전에서부터 송전·배전·판매를 독점하던 기존 구조에서 2001년 다수의 발전사가 전력입찰시장에 참여할 수 있는 구조로 개편되었다. 전력시장과 관련해서 앤톤 가오(Anton Gao) 등은 전력시장의 자유화를 중심으로 이루어진 대만의 에너지 전환과 독일의 세제 혜택을 통한 재생에너지 확대 정책을 비교함으로써 전력시장의 자유화가 독일의 모델에 대안적인 방법이 될 수 있다는 점을 시사하고 있다(Gao et al. 2018). 그러나 대만에서 전력시장의 자유화가 재생에너지의 개발을 촉진하기 위한 주된 정책으로서 성공적이었지만 나라별 에너지 구조의 차이로 인하여 자유화는 여전히 다수의 나라에서 재생에너지의 개발을 오히려 제한하는 효과를 가져다주는 것으로 나타나고 있다. 그러므로 시장개방과 재생에너지의 확보 사이에서 적절한 균형을 찾는 것이 요구되고 있다(Gao et al. 2018, 652).

　에너지 패러다임이 중앙집중적 체계에서 지역화·분산화되면서 최근에는 가격을 매개로 한 시장 중심의 거버넌스에 대해 대안적인 거버넌스의 필요성이 강조되고 있다. 특히 분산형 전원과 집단에너지사업을 통한 전력·열 발전은 단순히 에너지를 공급받는 수요자에서 자가적으로 에너지를 생산하는 사회구성원들의 강화된 역할과 그에 적절한 거버넌스의 필요성을 잘 드러낸다. 이에 부합하는 거버넌스 모델로 다양한 이해관계를 조정하고 협력과 공조를 강조하는 민주적인 '네트워크 거버넌스'가 대안적 거버넌스로 떠오르고 있다. 다층적 행위자들을 포괄하면서 발생하는 문제를 해결할 뿐만 아니라 정책을 수립하는 데 시민사회의 목소리를 반영하는 구조 속에서 원활한 에너지 시스템이 마련되기 때문이다. 이미 독일과 덴마크와 같은 일부 유럽 국가들은 강한 시민사회를 주축으로 에너지의 분산화 및 지역화를 빠르게 이행해왔지만, 한국처럼 오랜 기간 중앙집중적 에너지 체계 속에 있던 국가들은 에너지 전환에 적절한 거버넌스를 재정립할 필요성이 제기된다. 에너지 전환 정책을 강력히 추진하고 있는 문재인 정부는 이 정책을 효과적으로 이행하기 위한 방법론으로 기존의 중앙집중식 에너지 체제에서 지방자치단체, 시민사회, 기업 등이 참여하는 분산형 거버넌스의 구축과 그 작동 원리로 에너지 민주주의를 강조하고 있다. 가령 2021년에 출범한 2050 탄소중립위원회는 탄소중립의 실현과 기후변화에 대한 대응을 총괄하는 대통령 직속기구로, 국무총리 및 민간 공동위원장, 정부 부처 장관, 업계와 시민사회 위원으로 구성되었으며 탄소중립을 이행하기 위한 시나리오와 정책 수립 및 이행 점검, 국제 협력 등의 기능을 할 예정이다. 에너지 분권은 한국판 뉴딜 종합계획의 친환경 에너지 확산 정책과 맥을 같이한다. 특히 그린뉴딜에 포함된 친환경 분산에너지 발전시스템을 구축하고 발전사업 인·허가권을 지자체로 이양함으로써 에너지 분권 체계를 강화하는 구도는 기존 에너지 체제의 탈중앙화를 야기할 것으로 예상된다.

전 세계적으로 지방정부는 중앙정부와 별개로 지역 단위로 기후변화에 대한 대응과 신재생에너지의 활용을 확대하는 정책을 추진해 왔다. 미국의 경우 주뿐만 아니라 주 내의 시와 카운티에서도 자체적인 100% 클린에너지 정책을 시행하고 있다. 미국의 주정부와 시정부는 특정 연도까지 전력원 혹은 경제 전반을 100% 청정에너지·재생에너지원[11]으로 전환한다는 목표를 설정하고 이를 법제화하거나 행정명

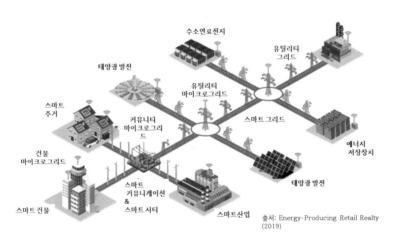

출처: Energy-Producing Retail Realty (2019)

그림 3-11. 마이크로그리드 연계 구조

---

11 청정에너지주연합(Clean Energy States Alliance : CESA)은 재생에너지를 태양과 풍력과 같이 고갈되지 않는 자원을 기반으로 한 에너지로 정의하고 청정에너지를 재생에너지와 수력발전 및 원자력에너지를 포함한 용어로 정의하고 있다.

전력부문/법제화 (탄소 중립 목표)

전력부문/행정명령 조치 (100% 신재생에너지전환 목표)

전력위원회명령 (탄소중립 목표)

전력부문/행정명령 조치 (탄소중립 목표)

경제전반/법제화(100% 청정에너지전환 목표)

전력부문 탄소중립 목표 법제화/ 경제전반 탄소중립 행정명령 조치

전력부문/법제화 (100% 신재생에너지전환 목표)

경제전반/행정명령 조치 (100% 청정에너지전환 목표)

그림 3-12. 미국의 주별 100% 클린에너지 정책 추진 상황

출처: UCLA Luskin Center for Innovation(2021).

령을 내리는 등 다양한 메커니즘을 활용함으로써 에너지 전환을 추진하고 있다.

특히 뉴욕주, 캘리포니아주, 워싱턴주는 미국에서 가장 적극적으로 재생에너지 정책을 추진하는 대표적인 주로, 청정에너지 및 재생에너지로의 100% 전환에 대해 법적 구속력을 가하는 법안을 채택했다(UCLA Luskin Center for Innovation 2021). 2021년 4월 기준 총 17개 주에서 100% 클린에너지 정책을 시행 중이며 주별로 상이한 신재생에너지 의무할당제 정책과 세부 로드맵을 설정하여 에너지 전환을 추진하고 있다.

국내에서는 전국의 모든 243개 지자체에서 2050년까지 탄소중립

달성을 선언했으며, 지역 탄소중립 이행 계획과 지역에너지 계획 수립
을 통해 지역별 특색에 맞춘 에너지 전환을 이루고자 하고 있다. 2020
년에 수립된 '제6차 지역에너지계획'에서는 17개의 지자체별로 재생
에너지와 분산전원의 발전 비중에 대한 2025 목표와 더불어 지역별
상황을 고려한 신재생에너지의 확대 및 관련 산업 육성 방안을 제시했
다. 인구와 인프라가 밀집되어 있는 수도권에서는 도심지역에 적절한
건물형 태양광 및 연료전지를 확대하고 수요 관리 등을 제시했으며,
충청 지역 지자체의 경우 RE100 혁신벨트, 과학비즈니스벨트와 단지
조성을 통해 수소 및 재생에너지 산업을 육성한다는 계획을 제시했다.
광주와 전라도를 비롯한 호남 지역에서는 입지 환경을 활용한 대규모
태양광 및 해상풍력단지의 조성을 계획하고 있으며 영남지역의 경우
석유화학 및 조선 사업 기반을 바탕으로 해서 수소를 생산하고 공급체
계를 구축하고자 하고 있다. 강원도에서는 육상풍력단지를 조성하고,
제주도에서는 '탄소 없는 섬 2030'을 달성하기 위해 육·해상 풍력발전
지구를 조성하는 것을 비롯해서 전기차의 보급을 활성화하기 위한 조
례를 수립하는 것과 동시에 지역 특성을 고려한 '2050 기후변화 대응
계획'을 따로 마련할 예정이다.

　　이 계획에 따라 에너지 다소비사업자에 대한 관리 기능을 시작으

그림 3-13. 국내 지자체별 2025년 재생에너지 발전 비중 목표
출처: 산업통상자원부.

로 기존 중앙정부의 기능이 점진적으로 이양될 것이며, 에너지위원회 산하에 중앙정부, 지자체, 민간위원으로 이루어진 '지역에너지 전문위원회'가 구성될 예정이다(산업통상자원부 2020, 4). 지방정부 수준 이외에도 인구와 제반 시설이 집중되어 있는 대도시의 특성에 초점을 맞추어 에너지 전환을 추진하려는 움직임도 활발히 나타나고 있다. 가령 2012년에 수립된 서울시의 '원전하나줄이기' 정책은 원자력발전소 1기에서 평균적으로 생산되는 200만 TOE만큼의 에너지를 신재생에너지원으로 전환하거나 감축하는 이니셔티브로, 2014년 6월 당초 예정일보다 반년 일찍 목표를 달성했다(안정배·이태동 2016, 126). 이 정책은 시장과 시민대표 25인으로 구성된 시민위원회와 그 밑에 시정부의 부처뿐만 아니라 자치구, 시민단체, 유관기관, 기업을 포괄하는 민관합동 추진본부를 두고 거버넌스를 구성하여 합의와 실질적 결과로 이어진 시도로 대표된다. 또한 서울시는 기후변화에 대응하기 위한 세계 대도시 협의체인 '도시 기후 리더스 그룹(C40)'의 회원국으로 저탄소 도시 전환을 위해 다른 메가도시와의 협력을 적극적으로 도모하고 있다.

2017년 탈원전 토론회가 불러일으킨 대의제 정치의 위기와 포퓰리즘적 시비에도 불구하고 에너지 전환 과정에서 필수적인 조건을 창출하기 위해 에너지 민주주의를 구축하는 것은 필요한 작업으로 판단되며, 다양한 이해당사자들이 에너지 정책 과정에 참여하여 정책을 성공적으로 이행하기 위해 사회적 기반을 구축하는 작업으로서 의의를 가진다. 이는 2000년대에 들어 본격적으로 논의된 신재생에너지 개발 과정에서 발전차액지원제도(2002년)를 도입하여 신재생에너지 시장을 안정적으로 성장시켜 오던 차에 갑작스레 신재생에너지 의무할당제(2008년)로 전환할 것을 선언하여 사업자들의 불안을 초래한 기존의 정책과 상반된다. 중앙집권적이며 일방적 태도로 일관된 정책은 사회적 지지와 참여에 기반한 에너지 전환을 이루기 어려우며 기존 신재생에너지 정책의 실패 원인으로 자주 거론되고 있다(한희진 2019).

VI. 결론

기후변화가 자연재해와 온난화와 해수면의 상승뿐만 아니라 식량, 전염병, 건강, 도시환경 등의 변동을 촉발함으로써 적응과 완화의 필요성이 시급하다는 점이 제기되고 있다. 그런 가운데 이 장에서는 에너지 전환을 중심으로 주요 국가들의 대응과 전환 과정에서 도출된 사회적 과제를 살펴보았다. 2005년에 발효된 교토의정서가 만료되고 2021년부터 파리협정이 채택됨에 따라 모든 국가의 자발적 참여를 골자로 하는 신기후체제가 출범했다. 유엔기후변화협약의 신기후체제하에서 대부분의 국가들은 국가온실가스감축목표를 달성하기 위해 친환경 정책을 추진하고 있다. 특히 바이든 행정부가 출범한 이후 미국이 기후정상회의를 개최하는 등 국제사회의 기후변화 대응을 이끌어내기 위한 노력을 경주하면서 가속도가 붙기 시작했다. 기후변화에 대한 시급한 대응을 시사하는 보고서들이 발간되고 미국을 비롯한 유럽연합 국가들이 탄소국경세의 도입 계획을 발표하면서 신재생에너지로의 전환은 불가피한 것이 되었다. 이에 이 장에서는 에너지 전환의 필요성과 기본 방향을 살펴보았으며 주요국의 에너지 전환 정책과 에너지믹스 목표를 검토해보았다.

유럽연합은 2010년부터 적극적으로 재생에너지를 도입하고 기술개발을 통해 전환의 노력을 기울인 결과 현재 글로벌 에너지 전환을 주도적으로 이끌어가고 있는 것으로 파악되었다. 특히 독일은 2010년 온실가스 배출 감축과 재생에너지 보급의 확대를 기본적인 로드맵으로 제시한 이후 탈원전과 탈석탄을 기조로 하는 에너지 전환을 이루어 나가고 있다. 일본의 에너지 전환은 재생에너지 비중을 확장함과 동시에 기존에 사용하던 원자력을 확대하고 석탄연료를 단계적으로 축소함으로써 에너지의 공급 안정성과 안전성을 제고하는 방향으로 이루어져왔으며, 스가 총리가 취임한 이후 탄소중립을 선언하는 등 한층 더 적극적인 저탄소 정책을 추진할 것으로 전망된다. 중국의 경우 석탄 의존도를 감축하고 원자력발전을 꾸준히 증설하는 방향으로 추진되고 있으며, 태양광발전과 풍력발전 설비를 폭발적으로 증설하고 있는 한편 설비 부작용이 빠르게 증가하는 속도를 따라가지 못하는 부작용과 기풍·기광 문제를 해결해야 하는 사회적 과제를 안고 있다. 미국의 에너지 전환은 트럼프 행정부가 파리협정을 탈퇴하고 화석에너지 산업 규제 철폐 정책을 추진하면서 주춤세를 보였지만 친환경 공약을 내세운 바이든 대통령이 당선된 이후로 재생에너지 중심의 전환이 다시 가속화될 전망이다. 바이든 행정부는 기후변화가 주요한 외교안보 사안이라는 점을 주지하면서 탄소국경세의 도입과 인프라 법안을 통해 대규모의 친환경 설비 및 기술개발을 이행할 계획을 밝혔으며 향후 글로벌 기후 리더십을 발휘할 것으로 예상된다.

한국의 경우 이명박 정부 시절부터 녹색성장을 기조로 한 신재생에너지 정책이 실시되었지만 본격적인 에너지 전환 정책의 수립과 가시적인 성과는 기후변화 및 미세먼지의 해결을 전면에 내세운 문재인 정부에서 나타나기 시작한 것으로 파악되었다. 문재인 정부는 임기 초반부터 단계적인 탈원전을 전면에 내세우고 '재생에너지 2030 이행계획'을 비롯한 재생에너지 확대 정책을 펼쳤으며, 이후 그린뉴딜을 발표하면서 분산형 에너지 체제의 기반을 구축하기 위한 투자 및 재정적 지원을 한층 더 강화할 것으로 전망된다. 주요 국가들의 에너지 전환 정책과 그로 인해 제기되는 쟁점에 대한 검토는 에너지 전환을 위한 기술 개선과 함께 그에 대한 기존 사회구조와의 상호작용을 통해 합의와 수용을 도출할 필요성을 보여주었다.

더 나아가 에너지 전환은 기술적 문제에 머물지 않고 미시적, 중범위적, 거시적 과정 속에서 사회와 깊은 연관을 맺으며 진행되는 복합적이며 자기조직적인 과정으로 이해되어야 한다. 이 같은 과정으로서의 에너지 전환에 대한 이해와 다양한 실증적 연구들은 중앙정부의 집중적 체제에 의거한 에너지 체제가 효과적으로 작동하기 어렵다는 점을 드러냈다. 성공적인 에너지 전환을 위해서는 기술혁신, 기존 인프라와의 공진적 에너지 체제 구축, 환경주의적 가치·문화와 생활양식에 기반한 정치경제적 제도의 발달을 창출할 필요성이 제기된다. 아울러 중앙집중적으로 에너지를 공급하는 기존의 체제로부터 탈피하고 에너지 공급과 소비를 자체적으로 할 수 있는 분산형 에너지 체제를 구축하기 위해 지역별 여건에 특화된 에너지 체제를 구축하는 지방정부의 역할이 강화되어야 할 것이다. 이와 함께 시민사회의 참여를 이끌고 다양한 층위의 행위자들이 유기적으로 상호 협력할 수 있도록 적절한 에너지 거버넌스가 견고해져야 한다.

참고문헌

국립기상과학원. 2020. 한반도 기후변화 전망보고서 2020: SSP1-2.6/SSP5-8.5에 따른
　　기후변화 전망.
국립해양조사원. 2021. "2100년 우리나라 주변 해역 해수면 73cm 높아질 수도."
　　https://www.khoa.go.kr/user/bbs/selectBbsList.do?bbsMasterSeq=BOARD_M
　　ST_0000000003
기획재정부. 2020. "한국판 뉴딜." https://www.moef.go.kr/nw/nes/detailNesDtaView.do
　　?searchBbsId=MOSFBBS_000000000028&searchNttId=MOSF_000000000040637&
　　menuNo=4010100
기후변화홍보포털. https://www.gihoo.or.kr/portal/kr/biz/scenario.do
녹색성장위원회. 2009. 녹색성장 국가전략.
대외경제정책연구원. 2020. "중국 14차 5개년 규획(2021~25)의 경제정책 방향과 시사점."
　　오늘의 세계경제 20, no. 29.
대한무역투자진흥공사. 2015. "EU 에너지연합 기본전략계획한 내용 및 시사점."
＿＿＿. 2021. "중국 탄소중립 목표 제시: 탄소시장 전망과 특징." https://news.kotra.or.kr/
　　user/globalAllBbs/kotranews/list/2/globalBbsDataAllView.do?dataIdx=188085
대한민국정부. 2020. 지속가능한 녹색사회 실현을 위한 대한민국 2050 탄소중립 전략.
대한전기협회. 2014. 마이크로그리드. http://www.kea.kr/elec_journal/2014_4/16.pdf
두산백과. 2021. "신재생에너지 발전 의무할당제." https://terms.naver.com/entry.naver?do
　　cId=3582518&cid=40942&categoryId=32411
산업통상자원부. 2019. "제3차 에너지기본계획 최종확정." http://www.motie.go.kr/motie/
　　ne/presse/press2/bbs/bbsView.do?bbs_cd_n=81&bbs_seq_n=161753
＿＿＿. 2020. "지역과 지자체가 중심이 되어 에너지전환을 추진한다." https://
　　eiec.kdi.re.kr/policy/materialView.do?num=200589&topic=
산업통상자원부·에너지경제연구원. 2020. 2020 에너지통계연보.
신범식 외. 2018. 지구환경정치의 이해. 서울: 사회평론아카데미.
신한나. 2016. "정책결정구조와 한국에너지정책의 변화." 중앙대학교 석사 논문.
안정배·이태동. 2016. "도시의 에너지 전환 분석-서울시의 원전하나줄이기 정책을
　　중심으로." ECO. vol. 20, no. 1: 105-141.
에너지경제연구원. 2016. 덴마크 지역난방산업의 역할과 과제.
＿＿＿. 2017. 중국 신재생에너지 보급·확대 정책의 당면 과제.
＿＿＿. 2019a. 주요국의 에너지전환: 추진성과와 과제.
＿＿＿. 2019b. 에너지전환 추진에 있어 정부의 역할과 한계: 전환이론 관점을 중심으로.
＿＿＿. 2020. 중국, 2020년 비화석에너지 통계 발표.
＿＿＿. 2021a. 세계 원전정책 동향 업데이트.
＿＿＿. 2021b. 2020년 세계 전력시장 분석과 2021년 전망.

유학식. 2017. 미국 트럼프 신행정부의 에너지 정책과 시사점.

정연미. 2015. "사회적 시장경제와 지속가능한 에너지시스템: 독일의 에너지전환 분석."
　　질서경제저널 18, no. 3: 89-112.

채제용. 2019. "중국도 풍력·태양광 전력망연계 대응 고심." http://www.e2news.com/
　　news/articleView.html?idno=211535

청와대. 2021. "문대통령 '한국판 뉴딜 투자, 2025년까지 160조 → 220조 확대'." https://
　　www.korea.kr/news/policyNewsView.do?newsId=148890141&pWise=webPush

한국노동사회연구소. 2013. "기후변화와 정의로운 전환." http://klsi.org/bbs/board.php?bo
　　_table=B07&wr_id=1518

한국전력거래소. 2014. 분산형 집단에너지 전원 활성화를 위한 정책연구.

한재각. 2020. "한국 에너지전환의 미래: 다양한 스케일의 전환 경로 탐색." 공간과 사회 30,
　　no. 1: 214-46.

한중과학기술협력센터. 2021. 14차 5개년계획 내 과기동향 분석.

한희진. 2019. "에너지전환과 지방정부의 역할: 문재인 정부의 재생에너지 정책을 중심으로."
　　아태비즈니스연구 10, no. 1: 1-11.

홍윤철. 2008. "기후변화와 건강." 대한의사협회지 51, no. 8: 764-69.

환경부. 2020. "기후위기 대응을 위한 미래 청사진, 2050 탄소중립 비전 확정." https://
　　www.me.go.kr/home/web/board/read.do?menuId=286&boardId=1418350&boa
　　rdMasterId=1

BBC News. 2021. "Denmark to build 'fist energy island' in North Sea." https://www.bbc.
　　com/news/world-europe-55931873

BP. 2020. "BP statistical review of World Energy 2020." as citied in U. S. Energy
　　Information Administration. https://www.eia.gov/international/analysis/country/
　　CHN.

Carbon Brief. 2021. *Mapped: The World's Coal Power Plants.* https://www.carbonbrief.
　　org/mapped-worlds-coal-power-plants

Climate Central. 2015. *Mapping Choices: Carbon, Climate, and Rising Seas, Our Global
　　Legacy.*

Collins, M., R. Knutti, J. Arblaster, J. L. Dufresne, T. Fichefet, P. Friedlingstein, X. Gao,
　　W. J. Gutowski, T. Johns, G. Krinner, M. Shongwe, C. Tebaldi, A. J. Weaver, and
　　M. Wehner. 2013. "Long-term climate change: Projections, commitments and
　　irreversibility." in *Climate Change 2013: The Physical Science Basis.* eds. T. F.
　　Stocker, D. Qin, G. K. Plattner, M. Tignor, S. K. Allen, J. Boschung, A. Nauels,
　　Y. Xia, V. Bex, and P. M. Midgley. Contribution of Working Group I to the Fifth
　　Assessment Report of the Intergovernmental Panel on Climate Change. Cambridge,
　　UK and New York, NY: Cambridge University Press.

Energiepartnerschaft. 2021. *China Energy Transition Policies 2020.* https://www.
　　energypartnership.cn/home/events/china-energy-transition-policies-2020

European Commission. 2020a. "Integrated national energy and climate plan for France." https://ec.europa.eu/energy

_____. 2020b. "Powering a climate-neutral economy: Commission sets out plans for the energy system of the future and clean hydrogen." https://ec.europa.eu/commission/presscorner/detail/en/ip_20_1259

_____. 2021. "European Green Deal: Commission proposes transformation of EU economy and society to meet climate ambitions." https://ec.europa.eu/commission/presscorner/detail/en/ip_21_3541

Eurostat. 2021. "Share of renewable energy in gross final energy consumption." https://ec.europa.eu/eurostat/databrowser/view/t2020_rd330/default/table?lang=en

Federal Register. 2021. *Executive Order 14008.* signed on January 27, 2021. https://www.federalregister.gov/documents/2021/02/01/2021-02177/tackling-the-climate-crisis-at-home-and-abroad

Gao, A. M., C. T. Fan, C. N. Liao. 2018. "Application of German energy transition in Taiwan: A critical review of unique electricity liberalization as a core strategy to achieve renewable energy growth." *Energy Policy* 120: 644-54.

Geels, F. W. 2005. *Technological Transitions and System Innovations: A Co-evolutionary and Socio-Technical Analysis.* Cheltenham: Edward Elgar. as cited in B. Solomon and K. Krishna. 2011. "The coming sustainable energy transition: History, strategies, and outlook." *Energy Policy* 39.

Global Wind Energy Council. 2021. "A gust of growth in China makes 2020 a record year for wind energy."

Ha, Y. H. and J. Byrne. 2019. "The rise and fall of green growth: Korea's energy sector experiment and its lessons for sustainable energy policy." *Energy & Environment* 98: 1-16.

Hindmarsh, R. and R. Priestley. 2016. *The Fukushima Effect: Traversing a New Geopolitical Terrain.* New York: Routledge.

IEA. 2019. *Offshore Wind Outlook 2019.*

IPCC. 2018. Global Warming of 1.5°C. eds. V. Masson-Delmotte, P. Zhai, H. O. Pörtner, D. Roberts, J. Skea, P. R. Shukla, A. Pirani, W. Moufouma-Okia, C. Péan, R. Pidcock, S. Connors, J. B. R. Matthews, Y. Chen, X. Zhou, M. I. Gomis, E. Lonnoy, T. Maycock, M. Tignor, and T. Waterfield. An IPCC special report on the impacts of global warming of 1.5°C above pre-industrial levels and related global greenhouse gas emission pathways, in the context of strengthening the global response to the threat of climate change, sustainable development, and efforts to eradicate poverty. https://www.ipcc.ch/sr15/download

IRENA. *Statistics Time Series.* https://irena.org

Leber, R. and U. Irfan. 2021. "6 crucial climate actions the Senate left out of its infrastructure deal." *Vox.* https://www.vox.com/22549410/infrastructure-dealbiden-climate-senate-bipartisan-jobs

Lo, J. 2021. "China's energy agency floats increase in 2030 renewables target." *Climate Home News.* Accessed March 5, 2021. https://www.climatechangenews. com/2021/02/11/chinas-energy-agency-floats-increase-2030-renewables-target

Miki, R. 2021. "Japan to set bolder 2030 emissions target with eye on US alliance." *Nikkei Asia.*

Riahi, K., D. P. van Vuuren, E. Kriegler, J. Edmonds, B. C. O'Neill, S. Fujimori, N. Bauer, K. Calvin, R. Dellink, O. Fricko, W. Lutz, A. Popp, J. C. Cuaresma, S. KC, M. Leimbach, L. Jiang, T. Kram, S. Rao, J. Emmerling, K. Ebi, T. Hasegawa, P. Havlik, F. Humpenöder, L. A. Da Silva, S. Smith, E. Stehfest, V. Bosetti, J. Eom, D. Gernaat, T. Masui, J. Rogelj, J. Strefler, L. Drouet, V. Krey, G. Luderer, M. Harmsen, K. Takahashi, L. Baumstark, J. C. Doelman, M. Kainuma, Z. Klimont, G. Marangoni, H. Lotze-Campen, M. Obersteiner, A. Tabeau, M. Tavoni. 2017. "The Shared socioeconomic pathways and their energy, land use, and greenhouse gas emissions implications: An overview." *Global Environmental Change.* Vol. 42. as cited in Carbon Brief. 2018. "Explainer: How shared socioeconomic pathways explore future climate change."

Ritchie, H. and M. Roser. 2021a. "Emissions by sector." https://ourworldindata.org/ emissions-by-sector

_____. 2021b. "Germany: Energy country profile, our world in data." https:// ourworldindata.org/energy/country/germany

_____. 2021c. "Renewable energy, our world in data." https://ourworldindata.org/ renewable-energy

Ritchie, H. 2021. "Energy mix and electricity mix." https://ourworldindata.org/electricity-mix

Shiroyama, H. 2021. "Energy tranistion in Japan and the impact of climate change policy." https://mainichi.jp/english/articles/20210604/p2a/00m/0bu/039000c

Smil, V. 2003. *Energy at the Crossroads.* Cambridge: The MIT Press.

Solomon, B. D. and K. Krishna. 2011. "The coming sustainable energy transition: History, strategies, and outlook." *Energy Policy* 39: 7422-31.

U. S. Energy Information Administration. 2021. "U. S. Energy facts explained." https:// www.eia.gov/energyexplained/us-energy-facts

Wierling, A., V. J. Schwanitz, J. P. Zeib, C. Bout, C. Candelise, W. Gilcrease, and J. S. Gregg. 2018. "Statistical evidence on the role of energy cooperatives for the energy transition in European countries." *Sustainability* 10, no. 3339: 1-25.

Witzel, W. and D. Seifried. 2013. *Renewable Energy — The Facts. Routledge.*

World Economic Forum. 2020. *The Global Risks Report 2020.* 15th ed.

Zhang, P., L. Zhang, X. Tian, Y. Hao, and C. Wang. 2018. "Urban energy transition in China: Insights from trends, socioeconomic drivers, and environmental impacts of

Beijing." *Energy Policy* 117: 173-83.

Zhao, C. B. L., S. Piao, X. Wang, D. B. Lobell, Y. Huang, M. Huang, Y. Yao, S. Bassu, P. Ciais, J. L. Durand, J. Elliott, F. Ewert, I. A. Janssens, T. Li, E. Lin, Q. Liu, P. Martre, C. Müller, S. Peng, J. Peñuelas, A. C. Ruane, D. Wallach, T. Wang, D. Wu, Z. Liu, Y. Zhu, Z. Zhu, and S. Asseng. 2017. "Temperature increase reduces global yields of major crops in four independent estimates." *Proceedings of the National Academy of Sciences of the United States of America.* 114, no 35: 9326-9331.

제4장

기후위기와 자본주의 대전환

주병기

*   이 장의 I-VI절은 필자의 연구보고서 『포스트 코로나 시대 해외 주요국의 경제체제 중요
    요소 변화: 기후위기, 디지털플랫폼, 인적자원 및 국가채무를 중심으로』(2021년 12월 대
    외정책연구원 발간)의 제2장(기후위기와 지속가능한 자본주의)의 내용을 일반독자들을 대
    상으로 수정보완하였다. VII-IX절은 필자의 경향신문 정기칼럼에서 이 장과 관련된 내
    용을 수정·보완하고 재편집하여 작성되었음을 밝혀둔다.

I. 자본주의와 지구환경

생태계는 그것을 구성하는 생명체들의 생명활동이 균형을 이룰 때 안정적으로 지속될 수 있다. 모든 생명체는 주변 환경을 교란하지 않는 절제된 범위에서 생명 유지와 존속을 위해 활동한다. 생명체들이 이런 '절제 본능'을 상실하고 환경이 감당할 수 없는 과욕을 부릴 때 생명활동의 균형이 파괴되고 생태계는 지속 가능성의 위기를 맞이하게 된다. 사람에게도 절제 본능이 있는 것이 당연하다. 아직도 수렵과 채집으로 살아가는 부족사회에는 필요한 만큼만 사냥하고 채집하는 관습이 남아 있는 것을 볼 수 있다. 동서고금의 윤리도 탐욕을 경계하고 절제와 절약을 미덕으로 삼는다.

제2차 세계대전이 끝나고 세계 무역은 연평균 6% 이상 급속히 성장했고 인류의 경제활동 규모도 빠르게 증가했다. 1990년대 사회주의 진영의 붕괴와 함께 글로벌 자본주의의 확산은 더욱 가속화되었다. 전 세계를 무대로 기업들은 돈벌이 경쟁을 자유롭게 할 수 있게 되었고 국가 간의 경제성장 경쟁도 더 치열하게 이루어졌다. 이 과정에서 지구자원을 돈이 되는 소비로 전환하기에 가장 편리한 방식으로 글로벌 분업체계와 복잡한 생산망이 형성되었다. 사람들에게 절제의 미덕은 사라지고 오히려 과소비와 낭비를 부추기는 경제 패러다임이 만들어진 것이다. 투자와 기업경영을 통해 무한한 부를 추구하는 것이 대다수가 선망하는 선(善)이 되었다. 자본가의 탐욕까지도 선망하는 열정이 되었고 시장가격이 사회적 서열과 국가의 등급을 결정하는 시대가 열린 것이다.

지금 선진국 국민은 옛날 극소수의 귀족들만이 향유할 수 있었던 것 이상의 물질적 풍요를 누린다. 선진국 국민 한 사람이 매일 소비하는 에너지는 나라에 따라 적게는 10ℓ에서 많게는 50ℓ에 달하는 원유에 맞먹을 만큼 많다.[1] 사람이 거대한 공룡보다 더 많은 에너지를 소비하게 된 것이다. 유한한 지구자원과 생태계가 이런 성장을 감당할 수 있을까? 절제 본능이 있다면, 아니 건전한 상식만 있다면 던질 수 있는 질문이다. 이미 넘쳐나는 소비를 감당하지도 못하는 부자들을 더 풍요롭게 하는 것이 인간의 진보에 무슨 도움이 될까 하는 의문이 들지만, 잘사는 나라와 부자들은 돈 되는 데 투자하고 또 투자한다. 이렇게 자본의 질서에 따라 양적 경제성장 경쟁의 무한궤도가 굴러간다.

어떤 사람의 소비활동 혹은 기업의 생산활동이 의도치 않게 다른 사람이나 기업에 직접적인 피해를 주거나 편익을 제공할 때, 경제학에서는 외부효과(external effect) 혹은 외부성(externality)이 있다고 말한다. 집 근처 공장의 매연 때문에 고통스러울 때, 공사장의 소음으로 주변 사람들이 불편을 겪을 때 나쁜(부의) 외부성이 발생한다. 이웃집의 잘 가꾼 화단을 보며 아름다움을 느낄 때, 불꽃놀이를 즐길 때, 그리고 야외음악회에서 들려오는 음악을 감상할 때, 좋은(정의) 외부성이 발생한다.

'외부'라는 수식은 이런 외부성을 발생시키는 경제주체가 흔히 그 피해나 효용에 대해 돈이나 이득을 내지도 받지도 않기 때문에 붙은 것이다. 그래서 이런 외부성은 발생시키는 사람이나 기업의 경제적 의사결정에 아무런 영향을 주지 않는다. 외부성과 무관하게 이기적 경제주체는 자신의 이익과 비용만을 고려하여 순이익 혹은 만족(효용)을 극대화하는 결정을 내리게 된다. 대기오염 같은 나쁜(부의) 외부성에 대해 책임지지 않고 자기 이익만 추구하기 때문에 나쁜 외부성은 과잉

1　OECD 자료(Energy balances of OECD countries) 참고.

발생할 수밖에 없다. 마찬가지 이유로 좋은(정의) 외부성은 과소 발생한다. 나쁜 외부성은 더 줄이고 좋은 외부성은 더 늘리는 방식으로 시장의 자원배분을 교정하면 모든 사람이 더 높은 만족을 얻을 수 있다는 얘기이다. 이처럼 외부성이 있는 경우 시장은 자원배분의 왜곡(비효율)을 일으킨다. 이를 시장의 실패라 말한다.

외부성으로 인한 비효율성의 사례는 무수히 많다. 공장의 매연으로 대기오염이 극심해져서 수많은 사람들이 질병과 사망에 이르게 된 일이 런던, 뉴델리, 멕시코시티 등 많은 도시에서 발생했고, 지금도 베이징, 뉴델리 같은 개발도상국의 대도시에서 발생하고 있다. 공장의 폐수로 인한 강물과 호수의 오염도 마찬가지이다. 이렇게 국가의 범위 내에서 발생하는 외부성의 문제는 세금이나 벌금을 통해 해결할 수 있다. 매연이 발생시키는 피해에 따라 연료에 세금을 부과하면 연료를 소비하는 사람은 자신이 발생시키는 외부성의 피해에 따라 세금을 부담하게 되어 스스로 외부성을 줄이려고 노력하게 된다. 외부성이 과세에 의해 '내부화'되는 것이다. 이렇게 세율을 적절히 조정하여 외부성으로 인한 경제적 비효율을 막을 수 있다. 외부성이 국가의 경계를 벗어나 발생하는 경우에는 국제사회의 협력과 강제 기구가 있어야 하기 때문에 문제가 더 복잡하다. 대표적인 사례가 냉매로 사용되는 프레온가스(염화불화탄소) 때문에 발생한 오존층 파괴 문제이다.

경제 분석에서는 흔히 이런 외부성을 고려하지 않는 경우가 많다. 외부성이 중요하지 않기 때문이 아니라 외부성이 없는 경우 시장경제에 대한 많은 실용적인 결과들이 쉽게 얻어지기 때문이다. 시장의 효율적인 자원배분에 대한 대부분의 결론이 외부성이 없다는 가정에 의존한다. 외부성은 비효율적인 자원배분, 즉 시장 실패의 가장 중요한 원인이다. 현실 경제에서 이 외부성은 매우 일반적인 현상이다. 글로

벌 자본주의의 성장으로 대량생산과 대량소비가 지구환경에 미치는
외부성의 중요성은 갈수록 커지고 있다. 현재 오존층 파괴 문제, 플라
스틱 해양오염, 핵 오염수 방류로 인한 방사선오염, 생명 다양성의 급
속한 감소, 기후위기 등 수많은 지구환경 문제들이 인간의 경제활동이
야기하는 외부성 때문에 발생하고 있다. 특히 지구온난화에 따른 기후
위기는 인류와 문명의 존속까지 위협한다. 이는 생산과 소비활동의 근
본적인 전환을 필요로 하는 심각한 도전이다. 자본주의의 지속 가능성
은 이런 외부성을 얼마나 잘 관리하느냐에 달려 있다고 해도 과언이
아니다.

II. 오존층 파괴와 몬트리올의정서

글로벌화된 세계 경제에서 지구 공유자원의 남용을 막기 위해 국가들
의 책임있는 행동이 필요하다. 어떻게 이런 책임을 분담할 것인가는
오랫동안 국제사회의 중대한 관심사였고, 기후위기에 직면해 있는 지
금 그 중요성은 더 커지고 있다. 1920년 이후 다양한 지구환경 문제를
풀기 위해 140회 이상의 국제환경협정이 맺어졌고, 국가 간 협력을 통
해 귀중한 지역 생태계를 보존하거나 유해물질의 배출을 차단하는 성
공적인 결과를 얻을 수 있었다.[2] 대표적인 사례가 남극 대륙의 오존층
파괴에 대응하여 1987년에 맺어진 몬트리올의정서(Montreal Proto-
col)이다. 이에 따라 오존층을 파괴하는 원인 물질의 전 지구적 생산,
소비, 배출에 대한 급속한 제한이 이루어질 수 있었다. 그리고 그 후속

2　　Libecap(2014) 참고.

조치로 선진국과 개발도상국 모두가 동의한 강력한 감축 협정이 체결
되어 선진국은 2000년까지, 개발도상국은 2010년까지 오존층 파괴 물
질의 사용을 중단하게 되었다.[3]

오존층 파괴로 햇빛의 자외선을 차단하지 못한다면 인간은 물론
대부분의 지표 생물들에게 생존 위기가 발생할 수밖에 없다. 이로 인
한 지구생태계의 격변은 불가피하다. 프레온가스는 냉장고나 에어
컨의 냉매로 오랫동안 사용되어왔다. 미국 캘리포니아 대학(어바인)
의 화학자인 프랭크 롤런드(Frank Rowland) 교수와 마리오 몰리나
(Mario Molina) 교수는 프레온가스가 대기 중에 축적될 때 발생하는
문제점에 대해 1973년부터 연구하기 시작했다. 이들은 프레온가스가
안정적으로 성층권까지 도달할 수 있다는 점을 발견했고 프레온가스
가 자외선에 의해 파괴되면서 풀려난 염소가 오존층을 파괴할 수 있다
고 지적했다.

두 사람은 이 발견으로 1995년 노벨화학상을 수상했다. 이 발견
에 힘입어 국제사회가 오존층 파괴를 막기 위한 집단적인 행동에 나설
수 있었기 때문이다. 1987년 몬트리올의정서를 통해 국제사회는 프레
온가스를 포함해서 오존층을 파괴하는 원인 물질의 사용을 단계적으
로 중단하자는 데 합의했다. 이런 국제사회의 협력과 후속 행동에 힘
입어 2050년 무렵에는 오존층이 1980년 수준으로 회복될 것이라고 유
엔환경계획은 예상하고 있다(UNEP 2014). 몬트리올의정서의 제재 규
정에 따라 단계적 감축을 이행하지 않는 나라는 상당한 처벌을 감수할
수밖에 없다. 이런 제재 규정은 각 나라와 구성원들이 오염물질 배출
의 외부성을 내부화하고 자발적으로 감축의무를 이행하게 하는 역할

3   Velders et al.(2007) 참고.

을 한다.

　일인당 오존층 파괴 물질 배출량을 비교하면 개발도상국이 선진
국에 비해 비교할 수 없을 만큼 적을 수밖에 없다. 그럼에도 불구하고
협약을 준수하기 위해서 대체기술로의 전환과 신기술 사용료 등으로
지출해야 하는 비용은 개발도상국에 매우 큰 부담이 될 수밖에 없다.
몬트리올의정서가 성공적인 국제공조로 이어질 수 있었던 중요한 이
유는 신기술이 저렴한 비용으로 저개발국에 확산될 수 있도록 합의했
기 때문이다. 프레온가스의 배출에 책임이 큰 선진국이 그 책임을 저
개발국의 경제적 부담으로 전가하지 않았던 것이다. 1992년 유엔환경
개발회의(United Nations Conference on Environment and Develop-
ment: UNCED)는 기본 원칙에 "국가들은 지구 공동자산을 보호하고
관리하기 위한 공동의, 그러나 차별적인 책임을 진다."라고 명시했다.
차별적 책임의 원칙을 실현하기 위해서 다국적 기금을 설치했고 이를
통해 개발도상국이 프레온가스를 감축하는 데 따른 경제적 부담을 덜
어줄 수 있었다. 다국적 기금을 통한 차별화된 책임 분담으로 개발도
상국들의 협력을 유도할 수 있었던 것이다.

　경제활동의 외부성이 일으키는 환경 문제를 근본적으로 해결하기
위해서는 지금처럼 지구자원이 무책임하게 거래되는 것을 막아야 한
다. 지구자원의 소비가 심각한 환경 문제를 야기하지 않도록 총량을
규제해야 한다. 환경 보존의 인센티브를 자원보유국에 부여하기 위해
국제사회가 경제적으로 지원하거나 자원을 거래하는 당사자들이 그
환경 비용을 국제사회에 지불하도록 강제하는 방법이 있을 것이다. 그
러면 자연히 무절제한 자원 낭비에 의존하지 않는 기술혁신을 추구하
게 된다. 이렇게 절약과 절제의 기술혁신에 기업과 국가들이 투자하도
록 해야 한다.

글로벌 사회의 불균형 발전과 개발도상국의 불평등과 빈곤 문제가 해결되지 않는다면 지구환경의 위기에 대응하기 위한 국제협력에 어려움이 커질 수밖에 없다. 많은 환경위기들이 선진국의 경제개발 과정에서 발생한 나쁜 외부성의 결과였다. 그러나 환경위기에 대응하는 국제협력은 개발도상국에 더 큰 부담을 지우게 되고 가난한 나라들의 경제개발을 어렵게 한다. 이런 불공정이 해결되지 않는다면 국가 간의 협력은 이루어지기 어렵다. 따라서 글로벌 사회의 빈곤을 퇴치하고 개발도상국의 경제개발 기회가 공평하게 주어지도록 초국가적인 합의가 이루어져야 한다.

코로나19 대유행과 기후위기는 인간의 경제활동이 야기하는 지구환경의 위기가 이제는 자본주의 지속 가능성의 위기라는 점을 인식하는 계기가 되었다. 지구자원의 관리와 글로벌 사회의 균형 발전을 위한 글로벌 거버넌스가 하루 빨리 만들어져야 한다. 그래야 환경과의 균형이 존중되는 새로운 글로벌 자본주의가 시작될 수 있다. 절제 본능을 상실하고 공룡처럼 몸집만 부풀리던 병든 자본주의를 치료하고 건강한 자본주의로 전환해야 한다.

III. 산업화와 기후위기

대기 중의 온실가스 층이 햇빛의 에너지가 반사되거나 복사열의 형태로 지구 밖으로 빠져나가는 것을 막아 지표면의 기온이 일정한 수준을 유지하게 되는 것을 온실효과라 한다. 온실가스가 없다면 지표면의 기온은 햇빛이 있는 낮에는 지금보다 수십 도 이상 상승하고 야간에는 영하 $100°C$ 이하로 하락하게 된다. 평균기온도 영하 $18°C$ 정도로 크게 하락하게 된다. 대기 중 온실가스가 많아지면 온실효과도 더 강해져서 더 많은 열이 지표에 갇히게 되어 평균기온이 상승하는 지구온난화 현상이 발생한다. 대표적인 온실가스로 수증기, 이산화탄소, 메탄가스, 아산화질소, 오존가스 등이 있는데, 이 중 수증기와 이산화탄소의 온실효과 기여도가 가장 높다. 특히 이산화탄소가 주목받는 이유는 인간의 경제활동에 의한 인위적 배출 때문에 자연 상태에 비하여 대기 중 이산화탄소 총량이 빠르게 상승하기 때문이다.

　남극의 보스토크 기지(Vostok Station) 빙하를 분석하면 깊이에 따라 과거 오랜 기간의 일조량 자료를 구할 수 있다. 이를 통해 대기 중 이산화탄소 농도를 알아낼 수 있고 동위원소 온도 자료도 얻을 수 있다. 보스토크 빙하에서 얻어진 42만 년간의 이산화탄소 농도와 지구 평균기온 자료를 연도별로 나타낸 것이 〈그림 4-1〉의 그래프 a와 b이다(Petit et al. 1999). 이를 통해 자연 상태에서 온실가스의 양이 일정한 범위 이내에서 변동해왔다는 것을 알 수 있다. 과거 42만 년의 대부분 기간 동안 이산화탄소 농도가 300ppmv 이내의 크기를 보였다. 지구 평균기온도 이산화탄소와 같은 움직임을 보인다는 것을 알 수 있는데, 과거 42만 년 대부분의 기간 동안 현재보다 2°C 이상의 기온 상승은 발생하지 않았다.

　이 연구가 이루어진 시점의 이산화탄소 농도는 360ppmv로 이미 과거 42만 년 동안의 최대값을 뛰어넘는 수준에 이르렀고, 2012년에는 400ppmv까지 초과했다. 이산화탄소를 줄이지 않는다면 지구 평균기온은 지난 42만 년 동안의 최대값을 초과할 수밖에 없고 인류는 42만 년 동안 지구생태계가 경험하지 못한 기후를 경험하는 모험을 피할 수 없다. 전문가들은 이대로 간다면 2050년 무렵에 이산화탄소 농도가 지난 42만 년 동안의 최대값인 300ppmv의 2배인 600ppmv에

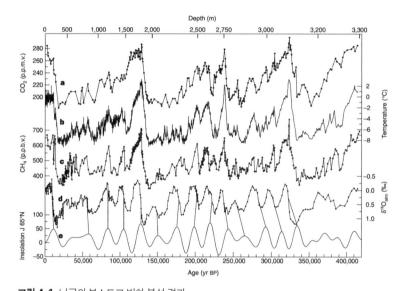

그림 4-1. 남극의 보스토크 빙하 분석 결과

그래프 a: 이산화탄소 농도, 그래프 b: 지구 평균기온(동위원소 온도), 그래프 c: 메탄가스 농도, 그래프 d: 해수와의 산소-18 비율편차, 그래프 e: 6월 중순 일조량.

출처: Petit et al.(1999).

이를 것으로 예상하고 있다. 이 정도로 이산화탄소의 양이 상승하게 되면 기후위기는 더 이상 손쓸 수 없는 상황인 급변점(tipping point)이 된다고 한다.

적어도 42만 년 동안 지속된 지구 대기와 기온의 균형이 깨진 것은 화석연료를 태워 얻어지는 에너지에 대한 소비가 급격히 증가한 산업혁명 이후부터이다. 땅속에 고체와 유체로 갇혀 있던 대량의 탄소가 해방되어 200년 이상 지구 대기에 잔존한 것이다. 지금 축적된 대기 중 이산화탄소의 상당 부분이 18세기 말 산업혁명 이후에 방출된 것이다. 대부분 유럽과 북미 지역에서 이루어진 일이다. 어마어마한 양의 석탄과 원유를 태운 것이다. 이렇게 많은 양의 화석연료를 땅속에서 캐내고 불태워 경제활동을 유지해왔지만, 이것이 지구환경의 교란을 야기할 수 있다는 사실을 깨닫는 데까지 무려 200여 년의 시간이 걸렸다. 1950년 무렵에야 비로소 과학자들이 이 문제를 염려하기 시작했다. 이때부터 지구온난화와 대기 중 온실가스, 특히 이산화탄소의 관계에 대한 연구가 본격적으로 이루어졌다.

1979년 50개국의 과학자들이 모인 제1차 세계기후회의에서 기후변화의 급속한 추세가 확인되었다. 더 늦기 전에 긴급한 행동이 필요하다는 데 과학자들의 공감대가 형성되었다(Ripple et al. 2020). 그러나 국제사회가 본격적으로 움직인 것은 그 후로도 10년이 더 지난 1992년에 온실가스 감축 협약에서 필요로 하는 기본 정신에 국제사회가 합의하면서부터이다. 이것이 유엔기후변화협약(UNFCCC)이다. 이 협약에 따라 온실가스를 감축하기 위한 실행 협상이 뒤따랐고, 1997년 전 세계 온실가스 배출량의 약 3분의 2를 차지하는 39개 주요국이 교토에서 온실가스 감축에 대한 실행안을 담은 교토의정서에 합의하게 된다. 선진국은 2008에서 2012년까지 1990년 총 온실가스 배출량의 5.2%를 줄이기로 약속했고 개발도상국은 감축의무에서 면제되었다(Eyckmans and Hagem 2011). 그러나 가장 중요한 이행 당사자인 미국이 의회의 비준을 받지 못했고 2001년에 집권한 조지 W. 부시(George W. Bush) 행정부가 탈퇴할 것을 결정했다. 이런 우여곡절 끝에 교토의정서는 2005년에 발효되어 2012년에 종료되었다.

최대의 온실가스 배출국인 미국과 중국이 적극적으로 노력하지 않는 가운데 교토의정서를 뒤따르는 후속 협약의 체결이 지연되었다. 교토의정서가 종료되고 4년이 지난 2016년에 비로소 미국과 중국이 함께 참여하여 파리협정이 체결된다. 그러나 교토의정서와 달리 파리협정에는 구속력 있는 이행 계획이 부재했다. 각국이 감축안을 제시하고 자발적으로 준수할 것을 권고하는 수준에 그친 것이다. 그러나 이

마저도 1년 뒤 도널드 트럼프(Donald Trump) 대통령이 집권한 미국이 협정에서 탈퇴하면서 새로운 위기를 맞이했다. 다행히 조 바이든(Joe Biden) 행정부가 들어서고 나서 미국이 다시 참여하게 되었다. 현재 유럽연합과 미국이 적극적인 감축안과 2050년까지의 탄소중립 목표를 제시하기에 이르렀다. 우리나라와 일본도 2050 탄소중립을 선언했고 중국도 2060 탄소중립을 선언했다.

IV. 공평하고 차별화된 책임

온실가스에 의한 지구온난화 문제는 오존층 파괴 문제보다 훨씬 더 심각하고 어려운 환경 문제이다. 대부분의 경제활동이 걸려 있기 때문이다. 경제활동에 필요한 모든 에너지를 화석연료에서 재생에너지로 전환하는 경제적 비용은 오존층 파괴 문제를 해결하는 비용과 비교할 수 없을 만큼 크다. 탄소중립 에너지 전환은 선진국보다 후진국에 더욱 큰 부담을 줄 수밖에 없다. 온실가스 배출의 책임이 큰 선진국이 오히려 에너지 전환의 수혜를 보는 불공정한 결과가 발생할 수도 있는 것이다. 재생에너지 기술의 격차로 후진국의 경제개발이 지체되고 선진국과의 격차는 더 벌어질 수 있기 때문이다. 그동안 온실가스를 저감하기 위한 다자간 통제기구를 도출하기가 어려웠던 것은 이런 공정성의 문제가 국제협상에서 민감한 이슈로 작용했기 때문이다(Okereke and Douley 2010; Alcaraz et al. 2018; Zhu et al. 2018; Jabbar et al. 2019).

유엔기후변화협약은 선진국과 후진국의 차별화된 책임에 대해 이렇게 서술하고 있다.

"공평성과 국가별로 차별화된 책임, 그리고 각국의 능력에 입각하여 당사국들은 현재와 미래 세대의 이익을 위해 기후시스템을 보호해야 한다. 따라서 선진국이 앞장서서 기후변화와 그로 인해 발생하는 재난과 싸워야 한다."[United Nations 1992, 제3조 제1원칙(필자번역)]

여기에서 말하는 '공평성과 차별화된 책임'의 구체적 의미와 함의에 대해서는 국제사회와 학계에서 많은 논의와 토론이 활발히 이루어졌다.[4] 화석연료를 에너지원으로 하여 시작된 산업혁명과 선진국의 경제개발은 바로 현재 인류가 직면한 기후위기의 원인이다. 뒤늦게 경제개발에 나선 국가들은 기후위기에 대응하기 위해 화석연료를 이용한 경제개발의 기회를 포기해야 할 수도 있는 상황에 직면했다. 선진국의 과거 온실가스 배출 책임을 어떻게 다룰 것인가? 개발도상국이 경제개발을 할 기회는 어떻게 주어질 것인가? 현재 국가별로 상이한 배출량에 대한 책임은 어떻게 지울 것인가? 이런 질문들에 답해야 '공평성과 차별화된 책임'을 구체화한 기후시스템이 구축될 수 있다.

선진국의 책임을 강조하는 유엔기후변화협약에 따라 교토의정서에서는 후진국의 감축의무를 면제했다. 국가 간의 협력을 촉진하기 위해 국가들이 공동으로 또는 별도로 목표를 달성할 수 있는 국가 간 배출권거래제, 공동구현 및 청정개발 메커니즘(Joint Implementation and Clean Development Mechanisms) 등도 제공했다(Maamoun 2019). 그러나 미국을 중심으로 한 일부 선진국은 중국과 같이 덩치가 큰 탄소배출국에도 감축의무를 부과해야 한다는 요구를 강하게 제기해왔다. 실제로 이것이 과거 미국 보수(공화당) 정부가 기후협약을 탈퇴한 명분이었다. 그러나 어떻게 후진국의 경제개발 기회를 동시에 보

---

4   Ju and Moreno-Ternero(2017; 2018)과 여기에 인용된 관련 문헌을 참고하기 바란다.

장할 수 있을지에 대한 대안을 제시하지 않은 채 선진국과 같은 수준의 감축의무만을 후진국에 지우는 것은 유엔기후변화협약의 기본 정신을 위반하는 것이다. 기후위기에 대한 저개발국의 협력을 도출하기 위해서는 감축의무만을 강조할 것이 아니라 경제발전의 기회가 공평하게 보장될 수 있도록 하는 구체적인 방안을 동시에 제시할 필요가 있다.

　앞으로 파리협정에 뒤이은 신기후체제하에서 선진국과 후진국 양 진영의 이해 상충 문제가 심각하게 대두될 것이다. 2021년 7월 유럽연합 집행위원회는 2025년부터 탄소 저감에 협력하지 않는 국가와 기업의 수입품에 대해 패널티를 부과한다고 선언했다. 수입 단계에서 탄소배출량에 따라 배출권의 구입을 의무화하는 안이 고려되고 있다. 이런 무역제재에 대해 중국과 러시아, 그리고 많은 개발도상국들이 반발하고 있는 상황이다. 현재 선진국과의 경제적 격차에 재생에너지 기술개발의 격차까지 가중된다면 양 진영의 경제적 격차는 더 커질 수밖에 없고 2050 탄소중립 목표를 달성하기 위해 후진국의 자발적 협력을 얻는 것도 더 어려워질 수 있다.

　글로벌 사회의 불균등 발전 문제를 해소하는 것은 기후위기를 성공적으로 극복하기 위한 핵심 과제라고 할 수 있다. 선진국과 후진국 간의 이해 상충 문제가 해결되려면 가난한 나라가 화석연료 없이도 발전할 수 있도록 해야 한다. 유럽과 북미 선진국들이 산업혁명 이후 지금까지 배출해온 이산화탄소는 아직도 대기 중에 남아 기후위기를 일으키는 원인이 되고 있다. 이런 역사적 배출에 대한 책임을 다하기 위해서 선진국 진영은 재생에너지 기술개발과 온실가스 저감 기술개발에 투자하고 그 기술을 저렴한 비용으로 후진국에 확산시키려고 노력해야 한다. 이처럼 선진국은 '절약과 절제'의 기술개발에 투자하고 후

진국은 그 기술을 이용해 경제발전의 기회를 보장받아야 한다. 지금의
자본주의로는 이런 유인 구조가 만들어지기 어렵다. 오히려 정반대로
재생에너지 기술 우위와 온실가스 저감 의무를 이용해 저개발국의 경
제발전 기회의 사다리를 걷어차는 일이 발생할 가능성이 높다.

　　과거 기후변화(climate change)라고 불렀던 이 문제를 지금은 기
후위기(climate emergency)라고 바꿔 불러야 할 정도로 문제 해결을
위해 자연이 허용한 시한은 얼마 남지 않았다. 기후위기는 지금까지
무책임한 자본주의가 초래했던 그 어떤 환경 문제와도 비교할 수 없는
엄중하고 시급한 위기이다. 이 위기를 극복하기 위해서는 대부분의 경
제활동에 필요한 화석연료 에너지를 재생에너지로 전환해야 한다. 이
러한 에너지 전환은 인간의 삶의 방식과 국가와 사회의 조직 및 운영
방식의 근본적인 변화를 필요로 한다. 온실가스 배출의 80%를 차지하
는 G20 국가들, 특히 기후위기에 대한 역사적 책임이 큰 유럽과 북미
선진국들이 에너지 전환 기술을 개발하고 확산하는 데 나서야 한다.
이를 통해 저개발국의 경제개발 기회를 확대하고 동시에 탄소배출 저
감을 위한 노력에 참여하고 협력하도록 유도해야 한다. 이렇게 변화하
기 위해서는 선진국 국민의 각성, 실천, 정치 참여가 필요하다. 풍요로
운 글로벌 자본주의의 울타리 속에 갇힌 소비하는 기계가 되기를 거부
하고 자율적 의지로 소비주권을 행사하는 현명한 시민의식이 지속 가
능한 자본주의의 원천이다.

V. 공정한 감축의무의 할당: 균등한 권리와 역사적 책임

온실가스 감축에 대한 국제사회 합의의 주된 내용은 현재와 미래에 허

용할 수 있는 온실가스 배출 총량을 정하고 이를 국가별로 배분하여 모든 나라의 현재와 미래 배출량을 제한하는 것이다. 각국이 앞으로 화석연료를 사용하여 배출할 수 있는 이산화탄소의 총량을 정하는 것이다. 이 문제와 관련하여 오염자 부담의 원칙, 공유자원에 대한 균등한 권리, 역사적 책임, 균등한 비용 분담 등 다양한 원칙에 대한 논의가 국제사회와 학계에서 이어졌다.[5] 기후위기와 관련하여 특별히 관심을 모은 것이 공유자원에 대한 균등한 권리와 역사적 책임이다. 인구의 변화가 심할 경우에는 역사적 책임 문제가 인구의 변화까지 반영해야 하는 복잡한 문제가 된다. 이런 파생적인 이슈들을 피하기 위해 국가 간의 인구이동이 없고 국가별 혹은 지역별 인구분포가 과거, 현재, 그리고 미래에 불변하리라 가정하고 균등한 권리와 역사적 책임 문제를 논하도록 한다.

지구대기는 누구나 접근할 수 있는 공유자원이다. 지구대기의 온실가스를 담는 용기로서의 기능 역시 누구도 독점적 소유권을 주장할 수 없는 공유자원이다. 일반적으로 공유자원에 대한 균등한 권리를 개개인에게 부여해야 한다는 원칙에 반대하기는 어려울 것이다. 그렇다면 현 세대인이 국가와 지역을 불문하고 지구대기라는 온실가스 용기에 대한 균등한 권리를 누려야 할까? 이에 대해 반대할 수 있는 이유는 온실가스 용기(지구대기)가 이미 상당 부분 채워졌고 국가와 지역에 따라 그 (일인당) 사용량이 달라졌기 때문이다. 과거에 더 많이 사용한 나라는 더 양보해야 하고 더 적게 사용한 나라는 더 가져야 한다

---

5   균등한 권리와 역사적 책임에 대해서는 Ju et al.(2021)의 최근 연구와 그 선행연구인 Grøubler and Fujii(1991); Smith(1991); Grubb(1995); Neumayer(2000); Bou-Habib(2019) 등을 참고하라. 이와 대립되는 현재 배출권과 공정한 피해 분담을 강조하는 할당 방식의 정치철학적·법학적·경제학적 배경에 대해서는 Posner and Weisbach(2010)을 참고하기 바란다.

는 주장이 나올 수 있다. 결과적으로 앞으로 이 용기를 누가 얼마나 사용할지에 대해서만 균등한 권리를 말할 것이 아니라 과거와 현재의 사용량까지 감안한 모든 세대의 사용량을 통틀어 일인당 균등한 권리를 보장해야 한다는 주장이 충분히 제기될 수 있다.

국가마다 역사적 배출량과 현재 배출량은 상이할 수 있다. 이 두 가지 조건이 다른 국가들에 대해 국민의 균등한 권리를 주장하는 것이 과도한 요구라면 적어도 이 두 가지 조건이 동일한 두 국가에 대해서는 국민의 균등한 권리를 보장하는 것이 필요하다고 볼 수 있다. 이것이 바로 공정성의 첫 번째 기준인 최소평등의 원칙이다. 즉, 과거와 현재의 일인당 배출량이 동일한 두 나라에 대해서는 모든 국민에게 균등한 배출권을 할당해야 한다는 것이다.[6]

최소평등의 원칙: 두 나라의 과거와 현재의 일인당 배출량이 동일하다면 일인당 배출권 할당량이 동일하도록 두 나라에 배출권이 할당되어야 한다.

이 원칙은 과거와 현재의 일인당 배출량이 다른 나라들에 대해서는 평등한 배출권 할당을 요구하지 않는다. 과거와 현재의 배출량이 기후위기의 원인이고 그 책임이 배출 저감을 위한 할당에 어떤 형태로든 반영될 수 있는 여지를 남기는 것이다.

그러나 이런 전제조건 없이 모든 사람이 온실가스 배출에 대한 평등한 권리를 가진다는 무조건적인 평등의 원칙도 생각해볼 수 있다.[7] 피터 싱어(Peter Singer)가 말했듯이, "누구도, 어떤 집단도 공유자원

---

6   보다 자세한 내용은 Ju et al.(2021)을 참고하라.
7   이 원칙에 대한 자세한 논의는 Grubler and Fujii(1991)를 참고하기 바란다.

을 더 강력히 요구할 권리가 없다면, 공유자원을 공정하게 배분하는 자명한 방법은 모든 사람에게 동등한 소유권을 부여하는" 방식으로 국가별 할당이 이루어져야 한다(Singer 2006, 419).[8] 즉, 온실가스 배출 총량을 각국의 인구에 비례해 할당하는 것이다. 이런 할당 방식을 **일인당균등배분**(Equal Per Capita share, 이하 **EPC**)이라 한다. 선진국과 후진국의 현재 일인당 온실가스 배출량을 비교하면 많게는 10배 이상 차이가 나고 있어서 양자의 격차를 줄이려면 후진국은 온실가스 배출을 지금보다 더 늘려야 하고 선진국은 급격히 줄여야 한다는 주장이 힘을 얻는다(Singer 2002, 39-40). 일인당 배출량을 비교하는 것은 이처럼 선진국과 후진국의 현격한 차이를 드러내는 단순하면서도 직관적인 기준이 되고 있다.

EPC의 가장 큰 문제점은 역사적 책임이 고려되지 않는다는 것이다. 선진국이건 후진국이건 일인당 균등한 권리를 보장한다는 것은 선진국의 역사적 책임을 묻지 않는다는 것이다. 현재 후진국의 일인당 배출량이 선진국보다 현저히 낮은 것은 후진국의 인구가 선진국보다 월등히 많은 반면 경제활동의 규모는 선진국이 더 크기 때문이다. 역사적 책임까지 반영한다면 후진국의 일인당 할당이 EPC에서 훨씬 더 많아져야 한다. 기후위기를 방지하는 수준의 일인당 배출허용량을 기준으로 선진국은 과거에 이보다 더 많이 배출하여 현재 배출권 채무(emission debt)가 있고 후진국은 정반대로 배출권 채권(emission credit)이 있다고 볼 수 있다. 역사적 책임을 강조하는 사람들은 과거의 배출권 채무와 채권이 반영되어 배출권 할당이 이루어져야 한다고

---

8   이 같은 주장을 Singer(2002, 39-40)에서도 찾아볼 수 있다. Baer(2002)는 인간의 복지에 필수적인 공유자원에 대해서 모두에게 균등한 권리를 부여해야 한다고 주장하기도 한다.

말한다.[9]

후진국에 더 많은 배출권이 보장되어야 한다는 또 다른 이유에 대해서 정치철학자 헨리 슈(Henry Shue)는 EPC에서 '생존을 위한 권리'와 '사치를 위한 권리'를 구분해야 한다는 점을 지적했다. 후진국이 필요로 하는 배출권은 생존을 위한 권리이고 선진국이 필요로 하는 배출권은 사치를 위한 권리라 할 수 있으니, 후진국의 생존을 위한 권리가 마땅히 우선시되어야 한다는 것이다. 따라서 EPC보다 더 많은 배출권이 후진국에 할당되어야 한다는 주장이 가능하다(Shue 1993).

온실가스 배출에 대한 역사적 책임을 제기할 수 있는 가장 중요한 이유는 산업혁명 이후 이루어진 온실가스 배출이 현재 지구온난화에 중대한 영향을 미치기 때문이다. 역사적으로 온실가스 배출이 많은 나라는 그만큼 화석연료를 이용한 경제개발의 기회를 누렸기 때문에 현재 선진국이 된 것이고 그런 온실가스 배출이 기후위기를 야기하여 후진국의 경제개발 기회가 위협받고 있는 것이다. 그래서 역사적 온실가스 배출에 대한 책임과 관련해 양 진영의 첨예한 이해 상충이 존재할 수밖에 없다.

국제적인 환경 분쟁을 해소하는 기본 원칙인 '오염자 부담의 원칙' 역시 역사적 책임을 강조하는 근거가 될 수 있다. 지구온난화 문제를 야기한 것은 산업혁명 이후 선진국에서 이루어진 온실가스 배출이라 할 수 있으므로 그 배출 당사국들이 책임을 져야 한다고 주장할 수 있다.[10]

어떤 나라에서 역사적으로 온실가스 배출이 없었다면 그 나라에 역사적 책임이 없다고 누구나 인정할 수 있을 것이다. 이렇게 역사적

---

9   역사적 책임에 대한 더 자세한 논의는 Grubler and Fujii(1991); Smith(1991); Grubb (1995); Neumayer(2000)를 참고하라.

10   역사적 책임에 대한 보다 포괄적이고 심도 있는 논의는 Neumayer(2000)를 참고하라.

책임으로부터 자유로운 가설적 상황에서 기후위기를 극복하기 위해 그 나라가 획득할 수 있는 배출량은 그 나라가 역사적 책임으로부터 자유롭게 누릴 수 있는 권리의 크기를 나타낸다. 바로 이 배출량에서 역사적 배출권 채무를 제한 배출량을 그 나라에 할당해야 한다는 것이 주병기 외가 말하는 역사적 책임의 원칙이다(Ju et al. 2021).

표 4-1. 할당 방식의 정의

할당 방식	국가별 할당
일인당균등배분(EPC)	인구비례로 할당
역사적 일인당균등배분(HEPC)	인구비례로 할당한 후 역사적 채무 공제(채권 추가)
배출량비례할당(EPE)	현재배출량비례로 할당
역사적 배출량비례할당(HEPE)	현재배출량비례로 할당한 후 역사적 채무 공제(채권 추가)

역사적 책임의 원칙: 다른 조건이 동일할 때 각국이 역사적 책임으로부터 자유로이 획득할 수 있는 배출권으로부터 역사적 배출량 전체를 포기하도록 배출권의 배분이 결정되어야 한다.

역사적 책임을 반영한 배출권 할당 규칙으로 에릭 뉴메이어(Eric Neumayer)는 EPC에서 그 나라의 배출권 채무를 차감하는 방식을 제안했다(Neumayer 2000).[11] 이를 **역사적 일인당균등배분**(Historical Equal Per Capita share, 이하 **HEPC**)이라 부르겠다. HEPC는 후진국에 배출권 채권만큼 EPC보다 더 배출할 수 있는 권리를 부여하는 방식으

---

11   구체적인 산식은 Ju et al.(2021)에 자세히 설명되어 있다.

로, 경제개발의 기회를 보장해주고 선진국에는 배출권 채무만큼 더 높은 저감의무를 부과하는 것이다.

이처럼 역사적 배출과 관련하여 공정성에 대한 논란은 매우 뜨겁다. 국가와 지역별로 역사적 온실가스 배출의 규모는 매우 큰 격차를 보일 수밖에 없고 그 크기에 따라 경제개발의 정도가 결정된다고 볼 수 있다. 이런 선진국과 후진국의 첨예한 이해 상충 때문에 기후협상의 정치적 실현 가능성에 심각한 문제를 일으킬 수 있다는 것이 역사적 책임의 원칙을 반대하는 핵심 논거이다.[12] 과거 세대의 과오에 대한 책임을 현 세대에게 부과하는 것이 정당한가 하는 문제도 제기될 수 있다. 이처럼 역사적 책임의 원칙과 상반된 원칙을 역사적 책임면제의 원칙이라 할 수 있을 것이다.

역사적 책임면제의 원칙: 두 나라의 현재 배출량과 인구가 동일하다면 역사적 배출량의 크기와 무관하게 두 나라에 같은 양의 배출권이 할당되어야 한다.

앞서 말했던 EPC는 역사적 책임의 원칙을 위반하고 역사적 책임면제의 원칙을 충족한다. HEPC는 그 반대이다. 그리고 두 할당 방식 모두 최소평등의 원칙을 충족하고 있다.

에릭 포스너(Eric Posner)와 데이비드 웨이스바크(David Weisbach)는 국가별로 과거와 현재의 배출량에 대한 기득권을 존중하지 않는 한 기후변화협약으로부터 명백한 피해를 보는 진영과 명백한 이득을 보는 진영이 나뉘게 되고 정치적 실현 가능성이 없어진다는 주

---

12 이와 관련된 보다 포괄적인 논의는 Posner and Weisbach(2015)에 자세히 제시되었다.

장을 제기했다(Posner and Weisbach 2015). 이들은 기후변화협약으로부터 발생하는 편익과 감축 비용을 모두 반영하여 모든 나라가 기후변화협약의 순이익을 볼 수 있어야 한다는 원칙인 국제적 파레토주의(international Paretianism)를 제시하고 있다. 경제적 효율성에서 착안한 이 원칙은 기후변화협약으로 기후위기를 해결하는 것이 협약에 실패했을 때보다 모든 나라에 이익이 되는 파레토 개선일 것을 요구한다. 이들은 미국에 과도한 책임을 전가하여 피해를 입히는 교토의정서가 이 원칙을 위배한다고 주장한다.

표 4-2. 할당 방식의 특성 비교

할당 방식	최소평등	역사적 책임	역사적 책임면제	기득권
EPC	O	X	O	X
HEPC	O	O	X	X
EPE	X	X	O	O
HEPE	X	O	X	O

　　같은 시각에서 볼 때 HEPC는 물론 EPC도 저개발국을 명백한 수혜자로 만들고 미국을 비롯한 선진국을 명백한 피해자로 만들고 있다고 비판할 수 있다. 국제적 파레토주의에 위반된다는 것이다. 저개발국은 기후변화의 직접적 피해를 가장 크게 받을 수 있어서 국제협약을 통한 문제 해결의 혜택도 크다고 말할 수 있다. 그러므로 이들도 선진국과 같은 비용을 부담해야 국제적 파레토주의에서 말하는 것처럼 모든 나라가 순수혜자가 될 수 있다는 입장으로 해석할 수 있다. 그러나 이런 제안은 후진국이 기후위기로 입게 될 피해에 대한 오염자(선진국)의 책임을 무시하고 있어서 유엔기후변화협약이 명시한 차별화된

책임의 정신을 정면으로 위반한다.

　주병기 등은 EPC와 HEPC 이외에 선진국의 기득권을 존중하는 배출권 할당 방식도 제시하고 있다(Ju et al. 2021). 그중 하나가 현재의 배출량에 비례하여 국가별로 총 배출량을 할당하는 **배출량비례할당**(Equal Per Emission, 이하 **EPE**)이다. 이런 기득권에 따른 할당에 역사적 책임을 추가할 수도 있는데, EPE에서 역사적 채무를 빼고 역사적 채권을 더하는 방식이다. 이것이 **역사적 배출량비례할당**(Historical Equal Per Emission, 이하 **HEPE**)이다. 이 할당 방식은 기득권을 존중하면서도 역사적 책임을 강조하는 것이다. EPE와 HEPE 두 할당 방식 모두 인구와 무관하게 현재의 배출량을 기준으로 국가별 할당을 결정한다. 따라서 일인당 균등한 권리를 강조하는 최소평등의 원칙을 위반하는 것이 자명하다. 역사적 책임에 대해서는 두 할당 방식이 정반대의 성격을 가진다. EPE는 역사적 배출량을 무시하고 할당을 결정하여 역사적 책임면제의 원칙을 충족한다. 반대로 HEPE는 역사적 책임의 원칙을 충족한다.

　국제사회가 최소평등과 역사적 책임면제에 합의한다면 EPC가 유일한 할당 방식이고 최소평등과 역사적 책임에 합의한다면 HEPC가 유일한 할당 방식이라는 것이 주병기 외의 주요 결론이다(Ju et al. 2021).[13] 최소평등과 역사적 책임, 이 두 원칙을 공정성의 원칙으로 규정한다면 HEPC가 가장 공정한 할당 방식이 되고 EPC는 차선이라 볼 수 있다.

13　유일성에 대한 주병기 등의 이론적 결론은 공정성의 원칙 이외에 가산성(additivity), 현재 배출량의 상한에 관한 공리 등 몇 가지 기술적 가정을 추가하여 얻어졌다(Ju et al. 2021).

VI. 공정한 할당과 교토의정서

교토의정서에 따른 선진국과 후진국의 2010년 배출허용량을 기준으로 교토의정서의 할당 규칙과 앞 절에서 제시한 네 가지 할당 규칙을 비교하는 방식으로, 교토의정서를 앞 절에서 제시한 공정성의 관점에서 평가할 수 있다. 아울러 향후 진행될 파리협정에 이은 신기후체제의 방향을 설정하는 데도 유용한 시사점을 제시할 수 있을 것이다.

　　교토의정서는 유럽과 북미의 선진국, 일본, 그리고 체제전환국들로 이루어진 부속서 I 국가들에 감축의무를 부여했고 나머지 국가들에 대해서는 감축의무가 면제되었다. 부속서 I 국가들의 감축의무는 2012년까지 1990년 기준 온실가스 배출량의 5.2%를 줄인다는 것이다. 이런 목적에 따라 부속서 I 국가들의 2010년 총 배출허용량을 계산할 수 있다. 그리고 여기 속하지 않은 나머지 국가들은 감축 면제국이므로 이들의 2010년 실제 배출량만큼을 2010년 배출허용량이라 고려할 수 있다. 이렇게 교토의정서에 따라 2010년 모든 나라의 총 배출허용량을 구하고 이를 각국의 인구, 역사적 배출량, 그리고 (2010년) 현재 배출량을 고려하여 EPC, HEPC, EPE, HEPE의 네 가지 할당 방식에 따라 배분한 결과를 계산할 수 있다. 이를 그래프로 나타낸 것이 〈그림 4-2〉이다.

　　이 그래프를 보면 교토의정서의 할당은 기득권을 존중하는 EPE와 가장 유사하다는 것을 알 수 있다. 즉, 저개발국에 저감의무를 면제했지만 여전히 교토의정서가 기득권을 존중하는 방식에 가깝다는 것이다. 현재 배출량이 많은 미국과 중국은 그에 비례하여 가장 많은 배출량을 할당받고 있으나 인구가 중국과 유사한 인도의 경우 현재 배출량이 적어서 중국보다 훨씬 적은 배출량을 할당받고 있다.

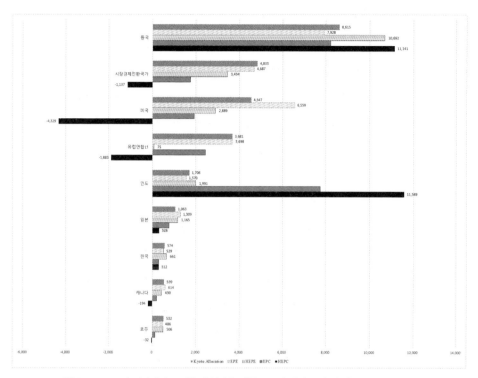

그림 4-2. 2010년 이산화탄소 배출권 할당을 기준으로 한 할당 규칙 간 비교

출처: Ju et al.(2021).

최소평등의 원칙을 만족하는 공정한 할당 규칙 EPC와 HEPC는 모두 교토의정서와 상당한 차이를 보인다. 특히 최소평등과 역사적 책임의 원칙을 모두 만족하여 가장 공정하다고 볼 수 있는 HEPC는 교토의정서와 큰 차이를 보인다.

EPC의 경우 국가별 배출권 할당을 인구비례로 결정하여 당연히 인구가 많은 나라에 유리하다. 인도와 중국에 가장 많은 배출권을 할당한다. 특히 현재 배출량이 적은 인도에 교토의정서와 EPE가 허용한 배출권의 4배에 가까운 배출권을 할당한 것을 볼 수 있다. HEPC의 경

우 역사적 배출이 많은 유럽과 북미 선진국들에 매우 큰 감축의무를
부여한 것으로 나타난다. 배출권 할당량이 음수로 나타나는데, 이것이
의미하는 바는 이 지역에서 비롯된 온실가스 배출이 더 이상 허용될
수 없을 뿐 아니라 이 지역의 국가들이 전 지구적 온실가스 배출을 감
축해야 할 의무까지 진다는 것이다. HEPC는 역사적 배출이 적고 인구
가 많은 중국과 인도 같은 나라에 EPC보다 훨씬 큰 배출권을 할당하
고 있다.

　한국과 일본의 경우 현재 배출량이 높지만 역사적 배출량은 다른
선진국에 비해 매우 적었다. 한국과 일본을 비교하면 일본이 한국보다
역사적 배출이 더 많았다. 따라서 양국 모두 기득권(현재 배출량)을 존
중하는 교토의정서와 EPE에 의한 할당이 다른 공정한 할당 방식보다
더 유리하다. 그러나 그 차이는 다른 나라들에 비해 크지 않고, 특히
한국은 어떤 할당 방식에 따르더라도 교토의정서와 큰 차이를 보이지
않는다. 선진국과 후진국 양 진영의 이해 상충 문제에서 양국 모두, 특
히 한국이 중립적인 입장에 있다는 것을 보여주는 결과이다.

　교토의정서와 공정한 할당 방식의 이러한 차이는 향후 신기후체
제를 수립하는 데 선진국과 후진국의 입장 차이를 극명하게 보여준다.
현재 주요 선진국들이 2050년까지 탄소중립을 선언하고 있지만, 역사
적 책임을 강조하는 공정한 할당 방식인 HEPC는 선진국의 역할이 더
적극적이어야 할 필요가 있다는 것을 의미한다. 유럽과 북미 선진국
들에 대한 음의 배출권 할당이 말해주듯이 자국의 탄소중립뿐만 아니
라 후진국에서의 탄소배출 저감에 대한 책임도 부여하고 있는 것이다.
한국은 이런 역사적 책임의 원칙에 따른 의무가 다른 선진국과 비교해
매우 낮은 편에 속한다. 역사적 책임을 요구하는 후진국의 입장과 기
득권을 요구하는 선진국의 입장 사이에서 한국은 유연한 입장을 취할

수 있다. 탄소중립과 에너지 전환에 최대한 속도를 내면서 국제환경의 변화에 맞는 최선의 전략을 찾는 노력을 지속한다면 어느 한편에 치우치지 않고 국제사회의 에너지 전환과 관련된 협력의 중추국이 될 수 있을 것이다.

가장 공정한 할당 방식인 HEPC의 또 다른 장점으로 (온실가스 배출을 이용한 경제개발의) 기회 평등을 들 수 있다. 화석연료는 산업혁명과 그 이후 유럽과 북미에서 선진국들의 경제개발을 이끈 에너지원이다. 그리고 그렇게 거둔 경제개발의 성과가 현재의 선진국 지위를 만들어낸 것이다. 아직도 경제개발이 이루어지지 못한 많은 지역과 국가들이 존재한다. 경제개발이 늦어진 것은 저개발지역 국민의 책임이 아니다. 제국주의와 세계대전 등 근현대사의 역사적 경로의존성, 자연 및 지리적 조건, 과학기술과 혁신의 확산을 가로막는 국가 장벽, 글로벌 자본주의 체제가 만들어놓은 각종 진입장벽 등이 글로벌 경제의 불균형 발전을 가져왔다. 선진국들이 화석연료를 통해 경제개발의 기회를 누렸던 것과 동일한 기회를 저개발국이 누릴 수 있도록 해야 한다는 경제개발의 기회 평등 원칙이 필요하다.

HEPC는 과거, 현재, 그리고 미래 세대의 모든 개개인에게 그 사람이 속한 국가와 무관하게 동등한 배출권을 할당할 수 있도록 한다. 국가 간 일인당 과거, 현재, 그리고 미래의 총 배출량이 HEPC하에서 균등해지기 때문이다. 이는 과거 배출이 극히 적었던 저개발국의 현재와 미래 세대에게는 선진국이 과거의 경제개발을 위해 필요로 했던 배출량과 동일한 배출량을 허용하겠다는 기회 평등을 내포한다. 반대로 선진국의 경우 과거 과다한 배출량 때문에 마이너스 배출권이라는 패널티를 부여받게 된다. 이 마이너스 배출권은 저개발국의 평등한 기회를 보장하도록 재생에너지 기술을 제공하는 것을 통해 저개발국이 경제발전에 필요한 에너지를 화석연료 에너지와 같은 비용으로 공급받을 수 있게 함으로써 실현될 수 있다. 즉, 저개발국이 경제발전을 위해 화석연료를 활용하지 않더라도 등가의 재생에너지를 확보할 수 있도록 하는 것이다. 이렇게 하면 HEPC에 따라 탄소중립의 목표도 실현하고 저개발국의 경제개발 기회도 공평하게 확보될 수 있는 길이 열린다.

VII. 탄소중립과 혁신적 수축

코로나19 대유행은 글로벌 자본주의의 성장 엔진을 정지시켰다. 1930년대의 대공황 이래 최악의 경제위기로 기록되었다. 세계 각국에서 이동 금지, 국경 봉쇄 등 극단적인 방역조치가 이어졌다. 그동안 글로벌 경제를 움직였던 국가 간 협업망(글로벌 밸류체인, global value chain)의 문제가 발생했고, 전 세계적으로 생산 중단 사태가 이어졌다. 글로벌 경제에 수요위기와 공급위기가 동시에 닥친 것이다.

　　OECD는 2020년 상반기 보고서에서 1개월의 격리조치가 GDP 성장률을 평균 2% 감소시킬 것으로 전망했다. 실제로 대부분의 선진국은 물론 개발도상국들에서 경제는 마이너스 성장을 기록했다. 2020년 세계경제성장률은 −3.5%를 기록했고 OECD 회원국의 경우 −4.8%를 기록했다(OECD Economic Outlook 2021). 다행히 한국은 방역에 성공적이었고 여행업, 자영업, 소상공인 등 방역조치로 직접 타격을 입은 업종을 제외하고는 생산활동이 정상적으로 가동되었다. 특히 반도체, 전자, 자동차 등 주력산업과 온라인 유통의 호황에 힘입어 −0.9%의 성장률을 기록했다. 주요 선진국 중에서는 가장 높은 성장률이다.

코로나19 위기를 통해서 전 국민이 사회안전망과 공공부문의 역할, 그리고 사회적 연대의 중요성을 공감하는 좋은 기회를 맞이했다. 우리처럼 사회안전망이 미비한 신흥국에서 경제위기는 양극화의 위기로 이어진다. 따라서 이런 위기 상황이 복지 사각지대를 없애고 사회안전망을 한층 더 강화하는 제도 개혁의 기회가 될 수 있다. 위기의 양극화를 막아주는 포용적 국가 제도는 사회적 연대를 강화하고 이 연대는 위기를 극복하는 동력이 될 수 있기 때문이다.

코로나19 방역은 한 국가만 성공한다고 해결되는 문제가 아니다. 한 나라의 바이러스 확산이 변종 바이러스를 만들고 이것이 다시 주변국의 바이러스 확산으로 이어지는 악순환이 반복될 수 있기 때문이다. 이런 문제를 방지하기 위해 국제사회는 신속한 백신 개발과 평등한 공급을 약속하는 코백스(COVAX) 협약을 도출했다. 국제사회의 협력으로 백신 개발은 이례적으로 빠르게 이루어졌다. 선진국들의 이기적인 백신 확보 경쟁으로 다소 늦어지기는 했지만 저개발국에도 백신 공급이 이루어질 수 있었다.

경제활동의 수축으로 2020년 이산화탄소 배출량은 약 6.4% 감소했다. 지난 70년간 가장 큰 폭의 감소치였다. 방역조치에 따라 항공기 운항과 자동차 운전이 급감한 영향이 가장 컸다. 그러나 기후위기를 막기 위해서는 이보다 큰 폭의 감축이 필요하다. 산업화 이전과 비교하여 평균기온 상승을 1.5°C 이내로 제한한다는 파리협정의 목표를 달성하기 위해서 2050년 탄소중립 시점까지 매년 7.6%의 감축이 이루어져야 한다(Tolleffson 2021). 달리 말하면, 재생에너지 전환이 없다면 매년 코로나19 대유행이 초래한 경제위기 이상으로 위기가 지속되어야 파리협정에서 목표한 감축이 이루어질 수 있다는 얘기이다. 이런 비교를 통해 기후위기에 대한 대처가 얼마나 심각한 문제인가를 실감할 수 있다.

코로나19 위기는 전 지구적 위기에 대처하는 국제적 연대와 협력의 중요성을 일깨우는 중요한 경험이었다. 코로나19 위기 속에서 제품의 사용가치와 기업의 재무적 성과만이 아니라 기업활동이 야기하는 ESG, 즉 환경(Environmental), 사회(Social), 그리고 지배구조(Corporate Governance)의 효과가 투자자와 소비자, 그리고 기업가의 의사결정에 영향을 미치는 새로운 자본주의로의 전환이 가속화되었다. 코백스 협약이 보여주었던 것처럼, 글로벌 시민사회의 윤리적 성찰, 국제적 연대, 그리고 자본주의의 민주적 통제 속에서 이루어지는 정의로운 혁신이 코로나19 위기를 극복했던 것처럼 기후위기를 극복하는 해법이 될 것이다.

코로나19 위기는 인류가 기후위기와 같은 난제를 극복하는 새로운 길, 경제활동의 새로운 표준을 찾는 길을 열어주고 있다. 지구자원의 인위적 소비를 무분별하게 확대 재생산하는 세계화된 자본주의와 무책임한 소비에 만취한 현대인과 현대 사회가 잠시 멈춰 섰다. 이는 새로운 길에 대한 맛보기와 과거에 대한 성찰의 기회이다. 근거리 생산과 소비로도 기본적 필요를 충족할 수 있고 멀리 이동하지 않더라도 최소한의 에너지 소비만으로 일과 생활이 가능하며 더 깨끗해진 물, 공기, 자연이라는 공공선(公共善)을 향유할 수 있는 새로운 길, 혁신적 수축으로 가치를 창출하는 법을 찾아야 한다. 눈먼 혁신으로 위기를 맞이한 낡은 자본주의에서 정의로운 혁신으로 인류를 구하는 지속 가능한 자본주의로의 대전환이 필요한 시점이다.

VIII. 시장가격, 사회적 가치와 ESG

시장가격은 시장에서 결정되는 자연자원, 노동, 중간재, 최종재 등 재화와 서비스의 화폐가치를 말한다. 가격은 수요와 공급에 의해 결정된다.[14] 수요는 '지불 능력'이 있는 소비자들이 소비로부터 얻는 편익, 효용 혹은 선호 만족(preference satisfaction)을 반영하고 공급은 기술수준과 생산에 필요한 경제적 비용을 반영한다. 그래서 가격은 소비자의 효용을 화폐단위로 나타낸다고 볼 수 있다. 공리주의자들에게 개개인의 효용은 윤리적 가치의 기본단위이다. 공리주의자가 아니더라도 개개인의 효용을 무시하는 윤리적 가치는 생각하기 어렵다. 따라서 시장가격은 윤리적 가치와 동떨어졌다고 말할 수 없다. 일부 공리주의자들은 시장가격이 윤리적 가치에 근접하다고까지 말할 수 있다. 물론 이 말은 틀렸다.

두 아이의 엄마가 있다. 한 아이는 길을 잃고 헤매다 하루 종일 굶었고 다른 아이는 집에서 편안했다. 집에는 당장 먹을 음식이 없다고 하자. 누군가 이 엄마에게 아이들에게 줄 밥 한 공기와 값비싼 장난감 중 하나를 선택하라고 한다면 무엇을 선택하겠는가? 당연히 밥을 선택할 것이다. 밥 한 공기의 가격은 보잘것없이 낮지만 굶은 아이에게 주는 편익이 비싼 장난감보다 훨씬 크기 때문이다. 값비싼 장난감을 선택하는 엄마가 있다면 지탄받을 것이다. 사소한 논리의 비약을 허락한다면, 시장은 이 경우 언제나 값비싼 쪽을 선택한다. 지탄받아 마땅

---

14   시장에서 가격이 결정되는 원리를 설명하려면 기업과 소비자들로 구성된 다수의 경제주체들의 합리적 의사결정에서 출발하여 이런 개별적으로 합리적인 의사결정이 시장을 통해 집계되는 전 과정에 대한 복잡한 이론이 필요하다. 이런 이론과 응용을 다루는 분야가 미시경제학이다.

하지만 언제나 그렇다. 극단적인 사례처럼 보이지만 이런 일은 흔하게 일어난다. 많은 사람들이 빈곤에 허덕이는 나라에서 어마어마한 양의 옥수수가 기계를 돌리는 기름 생산에 쓰이고 경작할 수 있는 토지가 커피 농장으로 사용된다. 고가의 명품시장은 빠르게 성장하지만 말라리아 치료제와 같은 저가의 필수재 시장은 그렇지 않다. 많은 자원이 고가의 명품시장 쪽으로 투입되고 있는 것이다. 필수재 소비가 창출하는 효용이 훨씬 큰데도 말이다.

이 사례들은 시장가격이 소비자의 효용을 반영하기는 하지만 매우 불완전한 척도라는 것을 보여준다. 그 이유는 시장의 의사결정에 지불 능력이 있는 사람들만 참여하기 때문이다. 지불 능력이란 소득과 돈을 빌릴 수 있는 능력을 말한다. 소득이 없고 돈을 빌릴 수도 없다면 아무리 필요한 물건이 있어도 시장에 참여할 수 없다. 반대로 지불 능력이 클수록 참여할 수 있는 시장도 많고 소비할 수 있는 물건도 많다. 최고가의 명품시장에 참여하는 사람들은 대부분 부호나 호사가들이다. 그래서 명품의 가격은 천정부지로 높다. 그렇다고 명품의 효용이 천정부지로 높은 것은 아니다. 설사 그 효용이 높다고 우기더라도 사치스런 효용을 빈자의 식량과 필수재의 효용과 비교할 수 있겠는가? 시장가격은 1인 1표의 투표로 결정되지 않는다. 돈이 없으면 투표할 수 없고 돈이 있으면 1달러 1표의 투표권을 가진다. 이것이 시장가격이 윤리적 가치를 왜곡하는 중요한 이유이다.

미래 세대가 시장에 참여할 수 없는 것도 시장가격이 불완전한 중요한 이유이다. 현재 세대가 미래 세대의 복지를 대신해서 선택할 수 있을까? 기후위기와 수많은 환경오염 사고들이 그렇지 않다는 것을 증명한다. 미래 세대의 효용이 아무리 중대해도 현재 세대의 효용과 상충한다면 시장은 현재 세대를 위해 선택한다. 현재 세대의 효용이 아무리 하찮더라도 말이다.

시장가격이 불완전한 더 중요한 이유는 수많은 좋은 것들과 선한 것들을 위한 시장이 없다는 사실 때문이다. 맑은 물과 푸른 하늘, 깨끗한 환경을 사고파는 시장은 없다. 바다, 열대우림, 종의 다양성, 북극 빙하 등 무수한 지구 공유자원을 사고파는 시장은 없다. 세계 각지의 다양한 문화와 전통 같은 공동의 유산을 사고파는 시장은 없다. 사회적 연대와 공동체의 지속 가능성을 사고파는 시장은 없다.

불완전한 시장과 가격기구가 전 세계의 자원을 배분하고 소비를 결정하는 기준을 정하고 있다면 동의하겠는가? 동의할 수 없어도 이것이 지금 글로벌 자본주의가 돌아가는 기본 질서라 할 수 있다. 그리고 시장과 가격기구의 불완전성이 기후위기를 만들게 된 것이다. 코로나19 대유행과 기후위기로 인해 가격을 중심으로 한 가치평가가 갖는 불완전성을 극복하기 위한 대안으로 환경, 사회, 그리고 지배구조상의 성과(ESG)가 필요하다는 국제사회의 총의가 만들어지고 있다. 이와 같은 맥락에서 기업활동의 사회적 가치(social impact)를 강조하는 경영문화가 21세기에 접어들어 빠르게 확산되기도 했다.

2020년 9월 국회에서 발의되어 심의 중인 「공공기관의 사회적 가치 실현에 관한 기본법안」은 사회적 가치에 대하여 "사회, 경제, 환경, 문화 등 모든 영역에서 공공의 이익과 공동체의 발전에 기여할 수 있는 가치"라고 정의했다. 그 구체적인 내용에는 인권 보호, 안전, 건강 증진, 노동자의 권리, 사회적 약자의 참여와 사회통합, 상생 협력 및 공정거래, 양질의 일자리 창출, 지역사회의 활성화, 기업의 사회적 책임, 환경의 지속 가능성, 참여 민주주의와 공동체의 이익 실현, 공공성의 강화 등이 포함되어 있다. 이것을 보면 사회적 가치가 얼마나 다양한 영역을 포괄하는지 알 수 있다. 이 법안은 공공기관이 정책을 수행하는 과정에서 사회적 가치를 적극적으로 반영하게 한다는 취지로 제 안되었다.

같은 취지에서 2018년 공공기관의 경영평가에 사회적 가치 항목 이 추가되었고 사회적 가치와 관련된 배점도 2배 이상 상향 조정되었 다. 반면 재무성과와 업무 효율성의 비중은 절반 이하로 하향 조정되 었다. 이런 변화가 지난 3년간 공공기관의 성과에 미친 영향을 분석한 결과에 따르면, 사회적 가치가 재무성과에 미치는 유의미한 영향은 없 는 것으로 나타났다(허경선 2021). 부정적인 영향을 예상할 수 있는데 그렇지 않았다는 것은 좋은 일이다. 사회적 가치 중 노사관계가 계량 경영평가에 긍정적인 영향을 미쳤고 산업재해를 낮추는 역할도 했다 는 점과 노동자의 삶의 질이 영업이익률을 높이는 역할을 했다는 점은 매우 흥미로운 성과로 보인다. 사회적 가치를 강조해야 할 필요성을 잘 보여주는 결과이다.

그럼에도 불구하고 분석 기간이 짧았다는 점, 그리고 이 기간에 공공기관의 부채비율이 늘었고 당기순이익도 감소했으며 상장공기업 의 주가가 감소했다는 점 등은 사회적 가치 중심의 평가가 갖는 문제 점에 대한 우려를 불식시키기에는 시기상조임을 말해준다. 사회적 가 치에 대한 평가의 모호성과 하향식 평가체계 때문에 공공기관의 특성 이 적절히 반영되지 못하거나 도덕적 해이에 의한 방만한 사업 확장 같은 문제가 발생할 수 있다는 점도 유의해야 한다. 기관별 사업 특성 을 반영한 사회적 가치에 대한 기준과 평가방식이 필요한데, 이를 위 해 기관들이 보다 적극적으로 고유의 사회적 가치 평가체계를 제안하 도록 해야 한다.

복잡한 사회적 가치를 쉽게 이해하고 단순화하는 데는 공리주의 적 접근이 편리하다. 이는 사회적 성과의 효용(복지)을 화폐단위로 측정하여 합산하는 방식이다. 가령 사회적 성과로 얻어진, 취약계층의 10만 원어치 쌀의 효용이 일반인의 100만 원의 효용과 같다면 사회적 가치는 100만 원이다. 같은 이유로 공기업이 취약지역에 지원하는 전력의 사회적 가치는 실제 전력 가격보다 더 클 수밖에 없다. 영업 손실이 있어도 이런 사회적 가치가 손실을 상쇄하고도 남는다면 공기업은 사회에 이익이 되는 것이다.

사회적 기업은 사회적 가치 창출과 영리활동을 병행하는 기업이다. 정부는 「사회적 기업 육성법」과 시행령에 따라 2015년부터 사회적 기업을 인증하고 인증받은 사회적 기업에 대해 지원정책을 시행해왔다. 자율경영공시자료를 이용해 사회적 기업에 대한 지원정책의 효과를 분석하면, 가장 큰 비중을 차지하는 인건비 지원이 사회적 성과와 경제적 성과 어느 것에도 유의미한 영향을 주지 못한 것으로 나타난다.[15] 사회적 가치에 대한 기준이 불완전하고 지원방식이 사회적 가치에 반응하지 않기 때문이다. 가령 인건비 지원이 사회적 가치와 무관한 고용에 대해서도 이루어질 수 있다.

정부의 사회적 기업 지원과 달리 SK그룹이 지원하는 '사회성과인센티브 프로그램'의 경우에는 지원정책의 긍정적인 효과를 발견할 수 있다. 이 프로그램은 사회적 가치에 대한 정량적 기준을 마련하고 이를 이용하여 사회적 기업이 창출하는 사회적 가치에 비례해서 지원금을 배분하고 있다. 이 프로그램의 자료를 이용한 분석에서, 홍현우와 주병기는 지원금이 참여 기업들에 사회적 가치를 창출하려는 동기를 강화한다는 결과를 얻었다(홍현우·주병기 2021). 사회적 가치를 체계적으로 관리하고 사회적 가치를 기준으로 지원제도를 설계했기 때문

---

15 홍현우·주병기(2016: 2017); Hong and Ju(2019)를 참고하라.

에 정책의 긍정적 효과가 발생한 것이다.

아동노동, 환경 파괴 등 다국적 기업의 비윤리적 기업활동이 사회적 지탄의 대상이 되면서 영리기업도 사회적 가치를 관리하는 사회적 책임 경영을 강조하기 시작했다. 최근 기후위기와 코로나19 대유행으로 이런 경향이 가속화되었고 기업의 ESG 성과는 글로벌 투자의 표준으로 자리 잡는 추세이다. 공공부문뿐만 아니라 민간부문에서도 사회적 가치의 중요성이 강조되어야 하고 이에 대한 공론화를 통해 보다 체계적인 표준이 제시되도록 해야 한다. 사회적 가치의 표준은 유일하지 않다. 다양한 표준들이 제안되고 가장 주목받는 표준이 선별되는 민주적이고 투명한 시스템이 중요하다. 한국만큼 ESG 성과로 국가와 기업의 가치를 높일 수 있는 나라도 없을 것이다. 불공정하고 부패한 한국 자본주의를 선진 자본주의로 업그레이드하는 길이기 때문이다. 대기업이 중소기업들과 상생 협력하는 건강한 기업생태계야말로 한국 경제가 도약할 수 있는 발판이다.

IX. 포용적 에너지 전환

교토의정서가 타결되던 1997년 무렵, 독일과 영국 등 많은 선진국들이 온실가스 저감과 에너지 전환에 박차를 가하기 시작했다. 그 결과 독일과 영국의 경우 발전량에서 차지하는 풍력, 수력 등 재생에너지 비율이 2020년 기준 40%대에 이르는 성과를 거두었다. 주요 선진국들은 경제가 성장해도 온실가스 배출이 늘어나지 않는 탈동조화(decoupling)를 이미 오래전에 달성했다. 영국과 프랑스는 1970년대, 독일은 1991년, 그리고 미국과 일본도 2000년대 중반에 탈동조화를 이

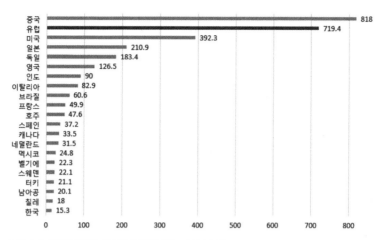

그림 4-3. 국제 재생에너지 설비투자(단위: 10억 USD)

출처: Frankfurt School(2020); 조일현·이재석(2020)에서 재인용.

루었다. 우리나라의 경우 재생에너지 비율이 8% 수준으로 세계 최하위권이고 탈동조화도 달성하지 못한 열악한 상황이다.

2010년에서 2019년까지 주요국의 재생에너지 설비투자 총액을 비교한 최근 자료를 보면(그림 4-3), 우리나라의 투자 총액은 독일과 일본의 10분의 1에도 못 미치고 인구와 경제 규모가 비슷한 이탈리아와 스페인의 절반에도 못 미치는 것으로 나타난다. 이는 OECD 회원국 중 최하위 수준이다. 발전량 단위당 평균발전비용을 기준으로 비교하면, 전 세계적으로 태양광발전과 풍력발전이 석탄이나 가스를 이용한 발전보다 저렴한 지역이 빠르게 확산되고 있다. 북미와 남미, 유럽, 호주, 그리고 인도와 중국까지 화석연료가 아니라 태양광이나 풍력이 가장 저렴한 발전원이 되었다. 한국은 아직도 석탄화력이 가장 저렴하다. 이런 자료들이 보여주는 명백한 사실은 한국이 에너지 전환에 한참 뒤처져 있다는 것이다. 주요 선진국보다 적어도 10년 이상이나 뒤처졌다. 우물 안 개구리 같은 근시안적이고 비전 없는 정치, 그리고 낮은 국민의식이 초래한 결과이다.

국제사회가 교토의정서의 뒤를 잇는 후속 기후체제에 대한 논의를 본격적으로 진행한 것은 2000대 중반이 지나면서부터였다. 당시 집권한 이명박 정부는 대선공약에서도 안 보이던 '녹색성장'이라는 전략을 불쑥 들고 나왔다. 그러나 그건 이름뿐이었다. 오히려 실제 정책은 정반대 방향으로 질주했다. 무려 31조 원에 이르는 국가와 공공부문의 자금을 해외 자원개발에 쏟아부었다. 줄여야 할 화석연료 의존도를 오히려 더 높이는 황당한 결정이었을 뿐만 아니라 투자금 회수도 어려운 부실사업으로 드러났다. 대통령과 그 주변 인물, 그리고 낙하산 인사로 임명된 전문성 없는 공기업 사장들이 저지른 일이다. 설상가상으로 정부는 2012년에 12개의 신규 석탄화력발전소 건설 계획까지 추진했다. 이 계획은 아직도 에너지 전환의 걸림돌이 되고 있다. 이런 시대착오적 에너지 정책의 기본 틀은 박근혜 정부에서도 지속되었다. 촛불혁명 이후에야 변화가 시작되었지만 성과는 더디기만 했다.

그 사이 기후위기에 대한 국제사회의 분위기는 더욱 엄중해졌다. 유럽연합, 미국, 일본 등이 2050년까지 경제활동에 따른 순 탄소배출이 0이 되도록 하겠다는 탄소중립을 선언하고 나섰고 중국도 2060년까지 탄소중립을 하겠다고 선언하기에 이르렀다. 대형 해외 투자회사들은 탄소배출이 과다한 국내 기업들에 대한 투자를 철회할 수 있다고 경고했고 유럽연합 집행위원회와 미국 정부는 탄소국경조정제도(Carbon Border Adjustment Mechanism: CBAM, 탄소국경세)를 통해 탄소배출 저감이 불량한 나라와 기업의 수입품에 관세와 같은 벌금을 부과할 것이라고 경고했다. 2021년 7월 14일 유럽연합 집행위원회는 탄소국경조정제도를 도입하겠다고 발표했다. 2023년부터 철강, 시멘트, 비료, 알루미늄, 전기 등 5개 분야에서 시행되고 2026년에 전면 도입될 전망이다. 앞으로 탄소배출을 줄이지 못하면 수출 경쟁력에 심각한 타격이 올 수도 있다.

이런 엄중한 분위기 속에서 우리 정부도 '2050 탄소중립'을 선언했고 구체적 실행 목표와 연도별 이행계획을 수립하고 있는 단계이다. 에너지 전환과 탈탄소의 멀고도 험한 여정은 피할 수 없다. 에너지 전환을 위한 한국의 자연적·지정학적 여건은 좋지 않다. 다른 선진국들의 지난 10년간의 노력과 성과를 단기간에 따라잡으려면 치밀한 계획 못지않게 전 국민적인 연대와 협력이 필수적이다.

에너지 전환의 비용과 편익을 사회구성원 모두가 나눠 가지는 포용적 전환으로 연대와 협력을 강화해야 한다. 그러기 위해서는 전환 과정에서 특정 지역, 산업과 노동자, 혹은 특정 계층에 피해가 집중되는 것을 막아야 한다. 그리고 재생에너지의 확산과 녹색산업의 육성이 중소기업에 공정한 기회를 제공하고 좋은 일자리를 창출하는 것으로 이어져야 한다. 수요 관리를 위해 전력 도소매 가격의 신호 기능이 정상화되어야 하지만, 재생에너지의 비중이 확대되는 과정에서 가격 변동성과 전력공급의 불안정성은 최소화해야 한다. 따라서 전력산업의 공공성이 강화될 필요가 있다. 전력 및 에너지 공기업의 전문성과 독립성을 강화하고 이들이 민간 사업자와 협력하여 재생에너지를 확산하는 주체가 될 수 있게 해야 한다.

참고문헌

김현섭·송지우·주병기·허은녕. 2019. "파리기후변화협정 하에서 한국의 공정하고 효율적인
　　기후변화 대응방안에 대한 시론." 한국혁신학회지 14, no. 3: 301-30.
허경선. 2021. "공공기관의 사회적 가치 추구와 재무성과 연구." 조세재정브리프 111: 1-10.
홍현우·주병기. 2016. "사회적기업에 대한 경제학적 고찰: 사회서비스 제공형." 재정학연구
　　9, no. 1: 87-112.
＿＿＿. 2017. "일자리제공형 사회적기업과 사회적 성과 지원의 효과." 한국경제의 분석 23,
　　no. 3: 55-106.
＿＿＿. 2021. "'사회성과인센티브 프로그램'이 참여 사회적 기업에 미치는 영향에 대한
　　이론적 분석과 실증연구." 경제학연구 69, no. 3.

Barnett, J. and W. Adger. 2007. "Climate change, human security and violent conflict."
　　Political Geography 26, no. 6: 639-55.
Beitz, C. 2009. *The Idea of Human Rights.* Oxford: Oxford University Press.
Bodansky, D. 2010. "Climate change and human rights: Unpacking the issues." *Georgia*
　　Journal of International & Comparative Law 38, no. 3: 511-24.
Broome, J. 2012. *Climate Matters.* Oxford: Oxford University Press.
Caney S. 2010. "Climate change, human rights and moral thresholds." in *Human Rights*
　　and Climate Change. ed. S. Humphreys. Cambridge: Cambridge University Press.
Choi, G., E. Heo, and C. Lee. 2018. "Dynamic economic analysis of subsidies for new
　　and renewable energy in South Korea." *Sustainability* 10, no. 6: 1-19.
Choi, G., S. Huh, E. Heo, and C. Lee. 2018. "Price versus quantities: Comparing
　　economic efficiency of feed-in tariff and renewable portfolio standard in promoting
　　renewable electricity generation." *Energy Policy* 113: 239-48.
Eyckmans, J. and C. Hagem. 2011. "The European Union's potential for strategic
　　emissions trading through permit sales contracts." *Resource and Energy Economics*
　　33, no. 1: 247-67.
Feiveson, H. et al. 1988. *Princeton Protocol on Factors That Contribute to Global*
　　Warming. Princeton: Woodrow Wilson School of Public and International Affairs,
　　Princeton University.
Frankfurt School. 2020. "Global trends in renewable energy investment 2020." 31.
　　조일현·이재석. "국제 신재생에너지 정책변화 및 시장분석." KEEI 보고서(2020),
　　20-27에서 재인용.
Frisch, M. 2012. "Climate change justice." *Philosophy and Public Affairs* 40, no. 3: 225-

53.

Hong, H. and B. G. Ju. 2019. "An Employment model of social enterprises and the effects of government subsidy." *Contemporary Issues in Applied Economics, Springer, Singapore*, 193-216.

Gardiner, S. 2013. "Human rights in a hostile climate." in *Human Rights: The Hard Questions*. eds. C. Holder and D. Reidy. Cambridge: Cambridge University Press.

Grubb, M. 1995. "Seeking fair weather: Ethics and the international debate on climate change." *International Affairs* 71, no. 3: 463-96.

Grubler, A. and Y. Fujii. 1991. "Inter-generational and spatial equity issues of carbon accounts." *Energy* 16: 1397-1416.

Human Rights Council. 2016. *Report of the Special Rapporteur on the Issue of Human Rights Obligations Relating to the Enjoyment of a Safe, Clean, Healthy and Sustainable Environment*. UN Doc. A/HRC/31/52.

_____. 2019. *Report of the Special Rapporteur on Extreme Poverty and Human Rights on Climate Change and Poverty*. UN Doc. A/HRC/41/39.

International Labour Organization. 2018. *World Employment Social Outlook: Greening with Jobs*. https://www.ilo.org/weso-greening/documents/WESO_Greening_EN_web2.pdf

Ju, B. G., M. Kim, S. Kim, J. Moreno-Ternero. 2021. "Fair international protocols for the abatement of GHG emissions." *Energy Economics* 94.

Keck, M. and K. Sikkink. 1998. *Activists Beyond Borders*. Ithaca, NY: Cornell University Press.

Meyer, A. 2000. *Contraction and Convergence*. Totnes: Green Books.

Neumayer, E. 2000. "In defense of historical accountability for greenhouse gas emissions." *Ecological Economics* 33: 185-92.

Nordhaus, W. 2008. *A Question of Balance: Weighing the Options on Global Warming Policies*. New Haven: Yale University Press.

Peel, J. and H. Osofky. 2018. "A Rights turn in climate change litigation?." *Transnational Environmental Law* 7, no. 1: 37-67.

Petit, J. R., J. Jouzel, D. Raynaud, N. I. Barkov, J. M. Barnola, I. Basile, M. Bender, J. Chappellaz, M. Davis, G. Delaygue, M. Delmotte, V. M. Kotlyakov, M. Legrand, V. Y. Lipenkov, C. Lorius, L. PÉpin, C. Ritz, E. Saltzman, and M. Stievenard. 1999. "Climate and atmospheric history ofthe past 420,000 years from the Vostok ice core, Antarctica." *Nature* 399: 429-36.

Rawls, J. 1999[1971]. *A Theory of Justice*. Harvard University Press.

_____. 1999. *The Law of Peoples*. Harvard University Press.

_____. 2005. *Political Liberalism*. Columbia University Press.

Ripple, W., C. Wolf, T. Newsome, P. Barnard, W. Moomaw. 2020. "World scientists' warning of a climate emergency." *BioScience* 7, no. 1: 8-12.

Shue, H. 2014. *Climate Justice*. Oxford: Oxford University Press.

Singer, P. 2002. *One World: The Ethics of Globalization*. New Haven: Yale University Press.

_____. 2006. "Ethics and climate change: A commentary on MacCracken, Toman and Gardiner." *Environmental Values* 15: 415-22.

Stern, N. 2007. *The Economics of Climate Change: The Stern Review*. Cambridge: Cambridge University Press.

Tollefson, J. 2021. "COVID curbed 2020 carbon emissions- but not by much." *Nature* 589: 343.

UNEP. 2014. "Ozone layer on track to recovery: Success story should encourage action on climate." *Press Release*, September 10, 2014.

Vanderheiden, S. 2008. *Atmospheric Justice: A Political Theory of Climate Change*. Oxford: Oxford University Press.

World Bank. 2010. *World Development Report: Development and Climate Change*. https://siteresources.worldbank.org/INTWDR2010/Resources/5287678-122601452 7953/WDR10-Full-Text.pdf

_____. 2016. *Shock Waves: Managing the Impacts of Climate Change on Poverty*. https://openknowledge.worldbank.org/handle/10986/22787.

찾아보기

Climate Change and Social Transformation

2022

Sahoipyoungnon Academy